與孩童一起體驗神

在聖經與禮儀中引導兒童的宗教潛能

IL POTENZIALE RELIGIOSO DEL BAMBINO

Sofia
Cavalletti

蘇菲亞‧卡瓦蕾緹——著

譯——李純娟

Content

- 神對孩童的吸引
- 孩童的神秘知識
- 祈禱的能力
- 與神建立關係的喜悅
- 看見無形之物的能力
- 「形而上」的孩童

- 宣講
- 宣講的內容
- 間接支援：根源
- 間接支援：環境
- 接受宣講的人
- 成人有如「無用的僕人」
- 間接支援：教具
- 團體

Content

·　·　·　·　·　·　·　·　·　·　·

| 專文推薦 |

孩童靈性發展的基石

王秉鈞

　　聖經，創世紀，第一章第二十七節說：「人是按天主的肖像造成的。」萬物中只有人依照天主的肖像被創造，所以人的尊嚴來自天主的創造。每個孩童天生屬於天主，其生命就是天主的生命，因此天生就已充滿著愛的豐富能量，而且是獨一無二的，本來就有被生、被教養、被愛的權利。

　　義大利第一位女醫師蒙特梭利女士在其行醫期間，為了治療當時有特殊需求的孩童，協助其生命的發展得以走向正常化——也就是將其內在已經被賦予了神之愛的生命，和他人一樣得以發展與成長——於是結合了醫療與教育跨領域的研究，衍生出不同於傳統的教育方式，即另類的蒙特梭利教育理念與實踐具體操作運作，經營出一間開發內在潛能、充滿神聖氛圍的生活學習空間「兒童之家」。

　　今更甚者，是數十年後由義大利的聖經專家蘇菲亞·卡瓦蕾緹（Sofia Cavalletti）和蒙特梭利教育培訓師吉安娜·高比（Gianna Gobbi）費盡五十多年和孩子們共同工作生活，並研發應用蒙特梭利的教育哲學和精神（Pedagogy）來幫助教理引導，採用精心挑選的聖經章節、禮儀，配合適當的手工教材和延伸工作，來引導零到十二歲的兒童們更深入認識耶穌，並與他建立愛的相遇與連結的關係。

　　教宗若望保祿二世曾親自在羅馬訪視「善牧教理課程」，並

十分認可此課程。它奠定了幼兒一生的信仰生活，也是靈性生命的滋養與核心素養發展的基石，培養時時日日與主相遇的生活，走向完全屬神的天人合一的境界。

如此貼切的適才適性、依據孩童不同發展階段的「善牧教理課程」，將孩童人格的發展都全方位地照料到了，這正是今日我們每個本堂主日學老師們的福音！

（本文作者為耶穌會會士、台南教區耶穌聖心堂主任神父）

| 專文推薦 |

與孩童一起走上靈修的旅途

吳昭蓉

「爸爸、媽媽請幫助我！讓我自己動手做！」

「請幫助我！讓我自己更親近神！」

天賦潛能是兒童與生俱來的能力。每一位兒童都有自己的發展藍圖，我們只需要提供環境，兒童即能因內在生命衝動，而熱切地想理解身邊的世界，他的態度就像是有人在說：「讓我自己來！因為那是你所能給予我最好的禮物！」[*]

本書作者暨聖經學者 Sofia Cavalletti 與蒙特梭利教育專家 Gianna Gobbi 的宗教教育，是以蒙特梭利教育為基礎，自成一個體系，包含了聖經的寓言故事、彌撒聖祭禮儀等活動串聯起來。蒙特梭利教育有三個要素，即兒童、成人、環境。同樣地，蒙特梭利宗教教育「善牧教理課程」亦有三個要素，即兒童、成人、神（三者是一體的）！

傳統的宗教教育是以問答的形式，將有關上主的故事說給孩童們聽，並以問答方式令其背誦下來。而這裡，兩位學者是讓幼童用自己的感覺，讓他們的運動機能獲得充分的使用。有關這一點，引用一句蒙氏的話：「宗教的情操，不是以說教方式傳遞，而是在預備好的學習環境中，令幼兒透過其行動運作以獲取經驗。」

---

[*] Montessori, Mario (1956). *The Human Tendencies and Montessori Education*, p.26。

　　其實，對於那看不見、但真實存在的「天主」（即愛的生命），在幼兒小小的心靈世界中，早已冥冥存在著，而這正是獲取「宗教經驗」的原點。

　　依聖經〈創世紀〉記載：「天主說『讓我們照我們的肖像，按我們的模樣造人，叫他管理海中的魚、天空的飛鳥、牲畜、各種野獸、在地上爬行的各種爬蟲。』」（1:26）說明了人是按天主的肖像受造的，並且接受了管理地球的責任和使命。因此，如何教育人成為「人之所以為人」的真實面貌，瞭解並擔起管理地球的責任，是當代教育工作者的神聖使命。

　　在張春申神父所著的《中國靈修芻議》一書的第八講談到，人在整個生命中體驗天主這股愛之流的推動時，我們的生活表現將是：「與宇宙萬物的關係是和諧的、感應的。與他人的關係是圓融的。與自己的關係是樂天知命的。」一個對根源之愛有深刻體驗的人，就擁有這種天人合一、參天地化育之圓滿境界，這是宗教經驗的高峰境界。因此，宗教教育便是要引導人進入這個境界。

　　同時是虔誠天主教徒與蒙特梭利教育革命家的瑪麗亞‧蒙特梭利，在其所著的《發現兒童》一書提到：我們人類對未來有一個美麗的遠景，就是這些自然美德在孩童身上孕育；為超自然美德預作準備，努力將個人蛻變為基督的化身。有信心地邁向先知所預言的和諧境界，到了那時「狼將與羊群共處，黑豹與山羊共眠，牛群與獅子及小牛更是相處一地」，而引領他們的，正是那位兒童。

　　她又說：宗教信仰自創世紀起便已存在，並將繼續存在於人類之間。宗教信仰的欠缺將導致人類成長要素的匱乏。人僅

具備道德還不夠，宗教感是人類本質的一部分，故宗教教育必須始於誕生之際。

所以蒙特梭利認為，幼兒最好盡早生活在有宗教信仰的生活氛圍中，對幼兒來說，參與宗教生活比瞭解宗教知識更重要。例如：藉由採集花束、奉獻供品、整理彌撒必需物品等活動，孩童較易理解到，宗教生活與日常生活不可分離，且又存在於日常生活中。幼兒親身的「宗教體驗」比成人只用語言講述更重要。這顯示宗教可以進入兒童的生活中，成為快樂和精神昂揚的泉源*。因此，蒙氏認為應該在與一切教育的整體聯繫中，具體實施宗教教育。

本書得以順利出版，首先感謝恩師李純娟修女在百忙中義不容辭地疾筆協助翻譯，讓善牧教理課程的師資培訓計劃與推動，更快地往前邁出一大步。感謝劉佳綺老師自美國帶來第一批善牧教具及相關的書籍。感謝由李韻如老師統籌率領潘菡亭老師、劉佳綺老師、黃天佳老師、徐亞春修女、林麗黎老師協助整理譯稿，感謝張日亮神父、吳玥玢老師審訂譯稿。感謝王秉鈞神父協助聯繫義大利出版社，感謝啟示出版社協助取得出版權。感謝聖功修女會會長郭果七修女暨參議團隊的大力支持與贊助。讚美天主！感謝天主！

回想二〇〇一年，收到不知從何處轉寄來的 email，關於在華盛頓 DC 舉辦善牧教理課程研習的訊息。當時正在美國再度修習蒙特梭利教育的我，有如舊識重逢的喜悅之情油然而生，立即報名參加。

---

* 摘自《M 教育的比較研究與實踐》一書上卷 P.201 新民幼教圖書公司。

冥冥之中似乎天主在引領著，因著善牧教理課程的研發出現，讓蒙特梭利教育理念全方位、全人格之培育，提升至天人合一之境界。這已經超越學術界的研究範疇，將人格的教育提升至身、心、靈的整合，走向完整人格的圓滿，超越了一般人對蒙氏教育的認知。在這裡，強調並重視的是成人與孩童要一起相互陪伴，走在靈修的旅途上。

最後，用蒙特梭利的話作為本文的結尾：「教育不是老師『教』什麼，而是人類中任何一個人必須發展成長的自然過程。因此不是在耳邊說教，而是引導、誘發（empower）孩子走向環境去行動，以獲得豐富的生活體驗，即愛的體驗、宗教體驗。」

（本文作者為聖功修女會修女、樂仁幼兒園督導）

課程訊息　從二〇一八年開始，在高雄市私立樂仁幼兒園教室開始實踐善牧小室的實驗教學。配合教具教材的製作積極籌備下，即將在今年（二〇二一年）七月，於聖功修女會所屬的高雄市五福福傳大樓，舉辦善牧教理課程 3 至 6 歲第一階段的師培課程。

幫助我，讓我自己接近神！

陳君卿

　　以基督教徒的身分來閱讀一本天主教的書籍，真的不是一件容易的事情，因為聖經的譯文不同，所以一開始閱讀這本《與孩童一起體驗神》是有點艱困的。但是經過兩週的咀嚼與消化書中內容，也上網搜尋教理中心的影片教學，似乎讓我再次沉浸在起初認識蒙特梭利女士的教育的喜悅中。

　　回想到兒子四歲時是如何站在廚房的洗碗槽前面，用心地去洗一個瓷碗的凹槽；國小五年級時，老師請他們製作手工樂器，他不假思索地就以軟塑膠罐製作了一個「對牛彈琴」的弦樂器，每根弦長短與緊度不一，從 Do 到 Si 的聲音皆可發出，造型尤其別出心裁，他是家中的發明家與藝術家。只要能自己動手的事，他都努力去完成！

　　又想到小女兒在就讀國小二年級時，她是我們家的開心果，是協會老師的小幫手，同時也是教會「幼兒主日學」的小保姆。

　　記得有一天，表妹突然喊著：「姊，妳女兒怎麼會願意陪小妹妹（四歲）去上廁所啊！？」（真的是驚呼連連！）她並不是天生氣質就如此，而是身為媽媽的我已經知道蒙特梭利博士一直強調的「手是小孩最主要的老師」，所以她從來不會在我忙碌的時候來煩我、吵我，總會自己找到可以安靜工作的機會。我在高齡四十一歲時生下她，雖有勞苦，但最大的安慰，就是眾

人對她品格的讚美。

　　作者蘇菲亞發展出來的教學法「善牧教理課程」，乍看之下與基督教的主日學是一樣的，都有教具作為輔助孩子認識神的連結點，把抽象的概念具象化。然而最大的不同點，就是蒙特梭利博士強調環境的預備：有一個專為孩童宗教生活成長所預備的「善牧小室」，因為對三到六歲的孩童而言，正是精煉感覺的敏感期，會透過視覺、聽覺、味覺、嗅覺等感覺器官分析環境中的事物，成為環境和內在的結合點，而另一個就是肌肉運動的控制。

　　這個善牧小室是孩子工作的地方，也是孩子與神對話及朝拜、祈禱的地方。其中的教具都與宗教禮儀有關，教師只是引導者，幫助孩子在這裡認識這位愛他的神。

　　教師不是以上課的方式來預備一篇聖經喻道故事，因為從經驗來看，這種重複性講論關於神的事情，常常聽到的回應就是孩子的抱怨與吵鬧。為什麼呢？因為引導者（兒童主日學老師）說的是自己的經驗，然而孩童必須自己經驗造物主的造訪，而一個充滿儀式感的教室，正是他自己體驗與經歷神同在的最佳場所。如果是在教堂中，孩子看到、學習到的，也可以透過善牧小室實踐出來。

　　因為新冠疫情，大家為了保護自己都要戴口罩。大人都不一定戴得住、戴得久，對於曾受教於蒙式教育的我，用心觀察了三至六歲的孩童是否在戴口罩。這是個很有趣的畫面，我們的大環境就是孩童的學習教室，當每個人都戴口罩時，似乎就不曾看到孩童為了抗拒口罩而哭鬧的畫面。

◆成人不適當的介入？

只是在現代少子化的趨勢下，父母服侍子女或請外勞、公婆至家中照顧孩子無微不至的現象，讓成人為孩子「搶先代勞」的情形一再出現，就會使孩子漸漸失去自己動手去做的念頭。當孩子想用手切切看、撕撕看、搬搬看，正要動手的時候，成人說「那太危險了」、「你會搞得一蹋糊塗」、「我來幫你弄」等，而奪去孩子使用手的機會。一方面又以昂貴的玩具或電子產品滿足孩子的需要，但那些東西完全不合乎孩子使用雙手活動時的興趣，所以孩子玩一下就厭煩了。

知名的教育家蒙特梭利女士說：「就算不使用雙手，孩子的智慧發展也能達到某個水準。但是藉著手的活動，孩子不僅能提升智慧，更可以強化性格。」

每個孩子都想用自己的手來工作，他們心裡吶喊：「媽媽，幫助我，讓我自己去做！」但是成人卻聽不見孩子的心聲，也體會不到孩子必須自己做的事實。於是成人就感嘆：「這個孩子真是的，一下子就不要了。」殊不知孩子這樣持續被剝奪成長的重要機會，身體的活動不能隨心所欲，將會變成怠惰或情緒衝動的人。在聖經舊約的〈箴言〉說：「手懶的，要受貧窮；手勤的，卻要富足。」、「殷勤人的手必掌權；懶惰的人必服苦。」

◆幫助我，讓我自己接近神！

「一代過去，一代又來！」教會是否聽見主日學孩子心裡的吶喊：「老師，幫助我，讓我自己接近神！」身為成人的家長及老師們，需要時時刻刻提醒自己「改變對孩子的看法及做法」，並知道與實踐「讓孩子自己接近神」的重要性！如此一來，我

們所看到的孩子就能夠自我控制、協調與獨立；學會對工作與生活面「殷勤且專注」，服從且具有秩序感；喜愛在自由當中的紀律；學會尊重他人及父母，又有和睦相處的好品德。

　　本書作者提倡的「善牧教理課程」，對我的體會及深刻感受是成立善牧小室的重要性，讓年幼的孩童們能自己經驗神，進入聖經與禮儀，並生活在神同在與真實的關愛中。這本書讓我們看到了孩子的靈性能力，是需要為孩子們準備一個特別的地方，讓他們活出自己的請求：「幫助我，讓我自己接近神。」

　　願神祝福大家看到孩童美好的靈性，奠基在我們對他們真實的瞭解！

（本文作者為法國號靈糧堂牧師、3-6 歲 AMS 蒙特梭利國際證照師資愛之語全人關懷教育協會理事長、全國家長會長聯盟副秘書長）

| 專文推薦 |

天主早已在孩子心中

葉榮福

　　大人常說「小孩子涉世未深不懂事」，世間的事孩子也許懂得不多，但天上的事孩子卻未必不懂，如同耶穌在〈瑪竇福音〉曾說過：「父啊！天地的主宰！我稱謝祢，因為祢將這些事瞞住了智慧和明達的人，而啟示給小孩子。」（11：25）蘇菲亞・卡瓦蕾緹以蒙特梭利教育的理論，耗費數十年時間與孩童互動的觀察和記錄，終於讓我們明瞭，天主早已在孩子的心中。

　　蘇菲亞・卡瓦蕾緹以蒙特梭利教育理論所發展的教理教學法「善牧教理課程」，是針對三到十一歲孩童設計的教理課程，起源於義大利羅馬，之後也發展至其他地區，包括非洲和美洲的許多國家。她藉由觀察不同文化背景的孩童，發現他們的回應常是一致的，這顯示了在孩童心靈內在，早已隱藏著對天主深沉的「飢渴」，也發現課程內容對孩童後期發展具有相當的影響。

　　「善牧教理課程」最大的特色，是符合了天主教會教廷聖職部於一九七一年出版的《教理教授指南》所指示的，教理課程是以基督信仰為核心，並以耶穌親自建立的聖事為基礎，其中更是以耶穌在最後晚餐中，為門徒和我們留下的聖體聖事為首的教理教學。「善牧教理課程」的聖事教學，不單是引領孩子經驗到天主對我們的愛，更藉由課程所設計的教具，讓孩子在實際操作中，一而再、再而三地，感受到耶穌真實地臨在於聖體聖事中。

　　在教學上,「善牧教理課程」有別於一般教會的主日學,孩童參與課程的時間較長,通常是一週一次一個下午的大半天。在教會或善牧中心,孩童有機會自由選擇自己所喜歡的活動項目,也能盡情地操作各種專為他們準備的教具,教師或引導者比較是在一旁觀察,在適當的時候才與孩童對話。當孩童對某些主題或活動特別有興趣,或提出要求想要重複操作時,教師或引導者也都會給予他們充分的時間與機會,讓孩童安心地體驗。

　　「善牧教理課程」要帶給孩子的,不單是理智上明瞭「善牧為祂的羊捨棄生命」,或是「祂來是為使他們獲得生命,且獲得更豐富的生命」,更是在情感與生活上和祂建立關係。善牧在聖體聖事中已經將自己的生命完全給了祂的羊,這是一份愛的禮物,這不是抽象的概念,孩童可以在生活中,藉由聖事中的禮儀一再地經驗到善牧的關懷、臨在與引導。

　　「善牧教理課程」的起點設定在三歲,除了肯定孩童本身早已具備尋求天主的靈性能力之外,也是要提醒成人,孩童的信仰培育越早開始越好,千萬不要以「給孩子選擇的自由」為藉口,等他長大了再自己決定而延遲孩子與善牧及早建立關係。

　　面對現今多媒體氾濫的時代,每天都有推陳出新的東西不斷冒出來吸引孩童的目光。與其讓孩子迷失在這些聲光中,不如盡早引領孩子找到跟隨善牧的道路,如同二〇二〇年剛出版的天主教主日學教材《跟祂就對了》所說的,今生今世唯有跟隨善牧、與祂建立愛的關係、聽從祂的聲音,才能找到真正的幸福與喜樂!

（本文作者為輔大全人教育中心兼任講師）

| 專文推薦 |
與神建立關係的喜悅

教理推廣中心

　　我們「台北總教區教理推廣中心」為教理的推廣、教理老師及主日學師資培育的服務已有三十多年的經歷。隨著台灣教會的發展，感受到教育方法的演化、教會內氛圍的轉變，及宗教環境的斷層……在各方面，本單位可說是「首當其衝」。但透過本書，我們被提醒：「孩子本來就具備天賦，能去認識上主。」

　　現今的社會環境使我們太常被「教育」。認為唯有「被教育」才能夠去「瞭解」。家長們總是擔心孩子還有什麼課程沒學到、總覺得少了些什麼而讓自己的孩子「沒能力」，於是老師也開始為了塞滿孩子的腦袋瓜，不斷地將各種「進度」在課堂中追逐著。逐漸地，主日學日漸成為「假日補習班」，天主對孩子而言只成了一個被逼著學習的科目。

　　本書作者透過蒙特梭利的教育背景，運用蒙特梭利的教學特色——給予孩子空間，透過外界輔助的間接支持、透過教師或家長的引導，讓孩子能以最符合自身的特點去成長——使信仰自然地能與孩子的生命結合。隨著本書的教學，孩子接近上主並不是被迫記憶的「知識」。這一點和本單位的「全人教理講授五步驟教學法」有著異曲同工之妙，即使方法不盡相同，但相同的目標是藉由「教理講授」，讓真理「自然貼近生命」。

　　這一點讓我們相當地感到振奮，因為我們多想告訴孩子「與神建立關係的喜悅」（P.58），而這本書給了我們一個帶領孩

子的方法──善牧教理課程。

　　如前面所說的，我們大人在教育上時常會強勢地帶領，使孩子喪失了自我去覺察靈性的連結，從思想上就已經失去了自由去認識上主的機會。依照人的能力，本來就不容易說清「神的奧秘」，所以家庭內的信仰培養、主日學的課堂中，面對的難處是要如何向理解能力還不成熟的孩子闡述信仰的問題，這很容易讓家長倍受打擊，後來乾脆選擇放棄。

　　本書也特別強調，孩子跟神之間的連結並非是「人為」的，成人應如同「無用的僕人」（P.71），善牧引導者的使命是服務孩子和神之間關係的建立，然後立刻引退，不要闖入孩子和上主對話的空間。

　　因此，我們要學習的將是透過方法滿足孩子自然的信仰需求。我們感觸特別深刻的是本書中提到吉安卡洛‧米蘭西（G. Milansi）寫的：「孩童的宗教是特別的，它不能與成人的相提並論。」孩童的宗教世界與成人的宗教世界大相逕庭。成人與神的關係不再如此開放及平和，而這對孩童來說卻是很自然的（P.66）。

　　成人時常覺得無法理解聖事的效能、肉眼看不到的神，以及超乎理智的基督死而復活，但孩子卻能夠運用與生俱來的靈感去理解，甚至將其簡單卻具體化的表達。本書中也舉了一些實例，透過善牧教理課程引導的孩子，如何運用自身的特質去經驗神和祈禱，這對教育者而言，確為一大福音。

　　這真是一件很美的事情，將信仰的寶藏傳遞給孩子，依著孩子的早期發展特徵並結合靈魂的成長，使孩子自幼就開始認識自身的根源和滿足對天國的探索，健全地將愛情與神恩同時

灌溉給他們的身心靈。相信本書能給予家長和老師們更多的啟發，也給我們一股不同以往的方向。

父母們，大膽地把孩子帶到天父面前，他們出於天主，必定能認識天主。儘管放心交託給天主吧！生命是祂所創造，我們沒有什麼好擔憂懼怕的。

可愛的諸位，我們應該彼此相愛，因為愛是出於天主；凡有愛的，都是生於天主，也認識天主；我們認識了，且相信了天主對我們所懷的愛。天主是愛，那存留在愛內的，就存留在天主內，天主也存留在他內。

——若望福音 4:7、4:16

台北總教區教理推廣中心
寫於二〇二一年聖保祿宗徒歸化慶日

|代序|

善牧教理課程：一個美國經驗

瑞貝嘉‧羅契費茲
（Rebekah Rojcewicz）

　　今年春天的一個主日早晨，我坐在善牧小室觀察三到六歲的孩子們時，想起耶穌在他生活和教導中的四個特殊時刻，這給了我一個架構，來分享我在善牧教理課程中，我與神和孩子們的某些經驗。

　　第一個時刻，是諸多福音記載中最明顯的選項——耶穌歡迎並降福孩子們。在〈瑪竇福音〉（馬太福音）十八章一至四節中，門徒們問耶穌：「在天國裡究竟誰是最大的？」耶穌就叫一個小孩過來站在他們中間，回答說：「你們若不變成如同小孩一樣，你們絕不能進天國。」

　　最先觸動我的是耶穌沒說出的部分。他沒有用這機會告訴我們要保護孩子（這我們當然要做），甚至更尖銳的是，他沒有捉住這個機會派遣我們做宗教教育者！對我而言，耶穌精心選擇時機和言語來教導我們，與孩子的關係中最重要、最需要知道的是：我們要改變，變得像小孩子一樣。

　　我們到底要改變什麼？變得如同小孩子一樣是什麼意思？小孩子又是什麼樣子呢？我們只能用一般的說法回答說「他們很小、充滿活力、容易興奮、輕易信任他人、容易取悅」嗎？那些沒有跟他們在一起生活過的人，知道他們有這些特質嗎？而我們這些跟他們在一起的人有知道得更多嗎？

我的耶穌經驗、蒙特梭利的培訓、善牧教理課程的培育，以及十七年與孩子們共事的經驗，帶領我深深相信耶穌召喚我們成為小孩子，是一個更嚴肅、更深入的召喚，不只是試圖模仿小孩子幾個明顯的特質而已。我相信耶穌是召喚我們踏上一段終生成長與蛻變的旅程——持續不斷地悔改、變化，隨著歲月推移越來越像孩子們，而我相信，耶穌召喚我們首先去觀察他們。要成為孩童，我們必須先認識他們、發現他們是誰，尤其是觀察他們與神的關係。

無論是修道者、平信徒、已婚或未婚、有孩子或沒孩子，善牧教理課程最鮮明的特質是召叫我們以成人的身分來觀察、聆聽孩童，容許他們帶領我們邁向神。所以本書最大的能量在於孩童的見證。透過孩童發表的意見和藝術工作（還有他們使用教具的方式），我們洞見他們與神的關係。

善牧教理課程被描述為兩個奧秘的相遇：神的奧秘和孩童的奧秘。「奧秘」一詞表述了我們內在的虔敬和驚愕，我們承認自己所面對的是可知、卻又不可完全明白的事物。如果我們視幼童如我們看神為奧秘一樣，我們會想要更認識他們。我們會想要不斷地去瞭解他們，沒錯，除了回應耶穌的勸告「變成如同小孩子一樣」，我們當中也會有人受到感召去服事他們。

如果我們懷著這樣尊敬的態度去認識孩童的真誠渴望，就會聚精會神地觀察他們，也會看見及聽到許多。我們先看他們所看的事物，再學習用他們方式去看（也就是以相似的速度、相似的吸收、相似的參與程度），藉此我們就會變得相似他們。我們會進入新的視野，更深刻地同他們一起享受於自己所注視的事物中。

他們到底在看什麼？在畫什麼？更清楚地說，是什麼「宗教元素」吸引他們的注意、維持他們的興趣，並且激發了深層的回應？要談這一點，我就得進入耶穌生活及事工的第二個時刻。這個時刻對我而言是在表達耶穌被「飽學之士」包圍的無奈，這些人多少還是迷失的。這時刻記錄在〈瑪竇福音〉（11:25）和〈路加福音〉（10;21）中：「耶穌因聖神而歡欣說：『父啊！天地的主宰，我稱謝你，因為你將這些事瞞住了智慧及明達的人，而啟示了給小孩子。』」

耶穌說的「小孩子」是指誰呢？耶路撒冷聖經注釋說，耶穌指的是門徒們，因為他稱呼他們為「小的」。但我相信從其他福音記載了耶穌把兒童放在他們中間，並說要如同小孩般接受天主的國，這樣的字面上看來，耶穌指的也是孩童。還有他說的那些隱瞞某些人，卻啟示給某些人的「這些事」又有何意義？耶路撒冷聖經注釋說，「這些事」指的是天國的奧祕。

蘇菲亞・卡瓦蕾緹（Sofia Cavalletti）、吉安娜・高比（Gianna Gobi）以及她們的合作者在瑪麗亞・蒙特梭利早期的觀察基礎上，歷經超過三十五年，從來自廣泛多元文化的孩童身上所累積的觀察經驗中，發現某些課題持續性地引發孩子們極大的興趣和喜樂。卡瓦蕾緹注意到，三到六歲的孩童對以下的人事物表現出特別的敏感度：耶穌基督；保護、呼喚他羊群名字的善牧；感恩祭——來自天父的愛的禮物，以及世人的愛的回應；耶穌是「世界之光」，而聖洗聖事是「領受天父禮物的行動」。

孩童在善牧小室聽了簡短且有力量的天國的比喻：芥子、珍珠、埋在地裡的寶藏，之後我們看到一些豐富的回應。善牧教理課程認為耶穌所說的「這些事」指的是信仰的要素，而「小孩

子們」則是指所有的年幼者。

　　我記得在一個善牧小室年度課程開始的第一天，那時身為善牧引導者的我還是「初生之犢」，非常關注自己的角色，專注於如何「完美地」說與做每一件事。一群三到六歲的孩子一進門，我就立刻開始向他們示範如何搬自己的椅子圍一個半圓形。當然我一一歡迎了每個孩子，同時注意到一個三歲女孩凱特琳的眼睛透露出嚴肅的疑問。等大家都在各自的椅子上安頓好之後，我開始了自己精心準備的開場白，告訴他們「善牧小室」是一個很特別的地方，以及我們來這裡的理由。

　　還算不錯地，我引起了孩子們的注意，除了凱特琳。她不像其他孩子那麼著迷。雖然她安靜地坐著，眼睛卻圍繞著屋子打轉，顯然是在尋找什麼東西。突然間，她直瞪著我的眼睛，打斷我的話問道：「神在哪裡？」我不記得我說了什麼，只記得我試著回到進行中的課程。凱特琳第二次打斷我，問：「耶穌在哪裡？」之後她第三次問：「瑪利亞在哪裡？」好久以後我才瞭解，即使沒有我精心準備的開場白，凱特琳也已知道她來到什麼地方和為什麼而來！

　　耶穌生活的第三個時刻帶我到善牧教理課程的核心，並因此進入善牧小室經驗的核心。如同其他時刻，人們在這個時刻再次問耶穌：「可是，你是誰？」這次耶穌用個比喻回答說：「我是善牧。」這個比喻就是我們與孩童共事的核心，也是我們課程命名的來由。所有善牧的比喻對孩子而言都有豐富而重要的內容，可是在此，我只專注於比喻中的一個小節：「我認識我的羊，我的羊也認識我。」（若望福音 10:14）

　　在善牧小室中（或更真切地說，在我們的生命中）發生

過最重要的事就是：我們與孩童一起增長對耶穌、對基督、對善牧的認知，在他的愛中，我們也學到更會回應這份愛。身為引導者，我們瞭解耶穌所說的「認識」不是受限制的學術性知識，而是根植於心、全方位包含整個存在（當然包括我們的頭腦）的認識。蘇菲亞・卡瓦蕾緹指出，我們多少人見證了孩童是如何深入其宗教經驗。我喜歡本書引用一個女孩說「我的身體很開心」的禱詞。過去十年來，我最喜歡的孩童回應，是在宣讀聖經或禮儀示範後的那聲深深「讚嘆」。

引導者的培訓幫助我聽見這些讚嘆聲，也視這些讚嘆為祈禱。我不斷地對他們的種種回應感到驚奇：他們反思的深度、在工作中的全神貫注，以及他們能作控制練習如此簡單的活動而露出的喜悅——祈禱桌的插花、在小型祭台上感恩祭用具的擺設、慶祝禮儀年更替的列隊遊行等。他們的投入是滿滿的，回應是寬廣的，從安定進入活動，從沉靜進入歡樂的歌聲。

當幼童遇見善牧，他整個全人都沐浴其中。孩童藉著隆重宣讀的聖言，聽了耶穌自己說的話，也選擇了幫助他們繼續默想的教具之後，便開啟了他們真正的「認識」。然後我們就有榮幸目睹這份關係是如何成長。我常看見孩童把善牧模型放在羊群外面，然後小心翼翼地把每隻羊盡量往善牧的地方放，讓善牧可以觸碰到，或是突然就把他高舉歡唱「阿肋路亞」。

孩子們知道善牧給我們所需要的一切：食物、水、安全。成人也知道，不是嗎？可是我們有像孩童一樣，知道靠近善牧的其他好處嗎？我們能像四歲的依莉莎白知道「他晚上會帶羊出去看明亮的星星」，或是像三歲半的達尼爾知道「他會帶羊群到山丘上，讓牠們滾下來」嗎？我們能像孩童一樣確信當我們

迷失時他會找我們，呼喊我們的名字，直到找到我們為止嗎？我們知道他找到我們時的第一個反應會是把我們放在肩膀上，或是像四歲的安佐說的「他會給我們一個大大的微笑」而不是責備我們嗎？。

　　我在善牧小室觀察孩童已超過十二年，我跟他們一起聆聽神的話，聽他們在閱讀聖經前後默想的回應；我看他們如何選擇及使用教具；我看他們做手工藝以及在團體祈禱時和他們一起唱歌祈禱。我變得更加確信，在他們心靈中有個主要的問題：「主，祢是誰？」我不相信這問題是來自混亂的不確定感。而我確信這問題類似於耶穌在世時，那些在他身邊感受到他的觸碰、聽到他的聲音、看見他的臉龐的人提出的問題。這問題其實是在說：「我看見、聽到了你，我認識你，可是你還有更多我想要知道的，我需要也想要知道多一點。」

　　孩童用很多方式告訴我，他們有能力進入深度的宗教經驗，我相信這意味著與神的深度關係。他們感受到神的臨在，瞭解神的親近且樂在其中。一個四歲半的孩子 J.W. 經過幾週用很多酒和幾滴水準備聖爵的工作，貢獻了他在這個教會稱為「水參與酒的奧蹟」的禮儀時刻新發現的智慧。J.W 盤起胳膊靠著櫃子站著，一副成人般充滿自信地對一旁正在準備聖爵的朋友說：「你知道那是什麼意思嗎？意思是『神和我們很親近』。」

　　第四個也是最後一個我選擇的耶穌生活和教導的時刻，即是「宣講」。我稱之為福音的「為什麼」。宣講分為兩部分：第一部分出現在「善牧的比喻」，耶穌說：「我來是為叫他們獲得生命，且獲得更豐富的生命。」第二部分出現在「真葡萄樹的比喻」，耶穌說：「我告訴你們這一切為使我的喜樂也是你們的

喜樂，你們的喜樂得以圓滿。」（若望福音 15:11）這個比喻成了我們與較大孩童工作的中心。對孩童和成人來說，在善牧小室的經驗都是心靈在神之內的「休息」，是聆聽神和更認識神的經驗，所以也是「圓滿生命和喜悅」的體驗。

　　此時，我想到兩個與幼童在一起的特別經驗。這兩個經驗的對比為我具體化且說明了這種圓滿和喜悅。第一個經驗是我從事蒙氏教學的初期，那時候還沒有善牧小室。一群五歲孩童和我帶著一隻昆蟲剛從森林散步回來。伊安在教室後面把昆蟲翻過來，發現了它罕見而多彩繽紛的底部。他叫其他孩子們過來看這奇妙的現象。我眼看著他們的興奮升溫，但突然間又冷卻了。我感受到我們大家處在一個不完整的時刻中。那場興奮的經驗似乎缺了什麼。

　　第二個經驗是我在善牧小室的第一年，我和一小群三、四歲的幼童一起聽完耶穌的話，關於天國好比一顆珍珠，然後我提了個問題：「如果商人得了這個珠寶，你想他會有什麼感受？他會做什麼？」有個孩子說：「他會把它放在一個特別的地方。」另一個孩子說：「他會告訴他的朋友。」三歲半的安妮繼續望著商人櫃子上貝殼內的珍珠，突然舉起雙手，幾乎是喊著大聲說：「他會連晚餐都不想吃！」接著是一段長時間的安靜，之後孩子們想要唱幾首歌。

　　那個時刻有種穿透性的完整感，珍貴的禮物被接受，也得到了回應。這就是我們所瞭解在善牧教理課程中的祈禱：接受天主給我們的禮物，以及我們對那份禮物的回應。我們知道最珍貴的回應是單純地靜觀、享受這份禮物，進而讚美及感謝那位「贈予者」。

　　如果我們自己尚未發現回應天主臨在的喜悅，或許比較難在善牧小室中感受生命的圓滿以及認出孩童喜悅的特質。但是孩童會協助我們。當我們和他們一起聆聽，善牧的聲音會顯得更清晰，而我們也更容易聽見祂在呼喚我們的名字。

　　願孩童成為我們的老師，願喜樂更加圓滿。

寫於瑞尼爾山，馬里蘭（Mt. Rainier, Maryland）

基督徒蒙特梭利學校（Christian Montessori School）

| 三版序 |
與幼童一起經驗聖經和禮儀
瑞貝嘉・羅契費茲

　　一九五四年，蘇菲亞・卡瓦蕾緹博士在羅馬市中心一座古老宮殿裡研讀的時候，有一天她與三個男孩在客廳裡讀聖經，深深思索著〈創世紀〉第一章，突然間，她被孩童們的宗教潛能震撼到了。她是位聖經學者，對兒童教育既沒有背景也沒有興趣，只不過是答應別人幫忙這三位男童準備初領聖體。然而，她卻被這三位孩童在聖經中與神相遇的認真和喜悅所吸引，從此，她的生活和工作完全改變了。

　　她和她密切的合作者吉安娜・高比（Gianna Gobbi）開始一段與兒童的愉快旅程：尋找三到十二歲孩童最需要經驗的上主的面貌，從聖經和禮儀中挑選經文，為他們製作適合獨立工作的教具，以及在一個完備、優美、我們稱之為「善牧小室」的環境裡，與孩童們分享聆聽聖言的經驗。

　　這本書深刻描述我們信仰最偉大的奧秘，帶領三到六歲的孩童經驗深刻的會晤與喜悅。一九七九第一次在義大利出版，而後翻譯成英文，於一九八三年在美國出版，一九九二年經教會審核批准並由「禮儀培訓出版社」（Liturgy Training Publications）再版。現在的是第三版，內容大致沒變，但收錄了不少蘇菲亞增加的部分。

　　我們的定義文件《善牧教理課程的特色：32 項反省要點》（*The Characteristics of the Catechesis of the Good Shepherd:*

32 Points for Reflection），說明我們在做的是一份「芥子的工作」。除此之外，這也是一份充滿生機的工作，所有充滿生機的事物的中心特徵，就是他們會成長與改變。

因為幼童的本質，我們提供給幼童們的內容多年來保持一致。我能想到的唯一例外是後來幾年的決定：我們把善牧比喻中「傭工和狼」的這一段保留給善牧小室裡年紀較大的孩童（六歲以上）。這項改變與我們成人如何最好地示範那段內容有關。

例如，多年來一直認為在直接宣讀聖經之前，幼童們應該先聽引導者描述聖經章節，蘇菲亞和吉安娜領悟到那是不必要的，而且這麼做事實上反而降低了神的話語對孩童的影響力。所以，示範聖經的方法改變了，在直接讀經之前，只做簡短的經文介紹，接著是團體默想，最後以祈禱作為回應。

此外，在本書的第八章提到，死亡的奧秘是「生命的奧秘」的一部分；蘇菲亞和吉安娜先前尚未發覺讓六歲以下幼童更具體地面對死亡奧秘的重要性。也不過在幾年前，她們才找到最基本的做法。如今，六歲以下的幼童們會經驗到「生命與死亡的奧秘」的示範。

我相信，她們與幼童工作的重要成長和蛻變來自於她們的領悟（超過二十五年的經驗），幼童與善牧的關係屬於較高的層次，而不是功能性的關係（僅是滿足孩童的需求或讓他們感受到安全、被保護）。確實，孩童與善牧的關係帶著強烈的母性關連。然而她們看到了幼童和善牧之所以相互吸引，是因為兩者有著相同的特質：充滿愛和喜悅。

善牧和孩童是有緣者，樂在彼此的相伴中。因此他們的關

係已提升到友誼關係層次。圖 11（書中收錄的孩童圖畫）以相互的幸福，或是善牧肩膀上那隻小羊的表情來宣示這層關係。我懷疑在我們成人當中，有多少人能以這樣的信心來表達我們與祂的關係。

　　本書最有力的部分在於孩童們的話語和藝術創作。我極力推薦讀者花時間來探究及欣賞書中收錄的圖畫。我們協會的雜誌《CGSUSA》是兒童藝術創作的另一個豐富來源，見證了孩童們豐富的宗教覺察，如同《童心》（*The HeART*）一書一般，也可從 CGSUSA 網站取得（網址為 cgsusa.org.）。

　　我很榮幸身為善牧引導者，並且做了將近四十年的引導者培訓師。身為蒙特梭利幼童的引導者，我在一九七八年曾經意外地在德州休斯頓的蒙特梭利會議中遇見蘇菲亞，也因此深感震撼，又於一九七九至一九八九年間，於蘇菲亞和吉安娜在羅馬的教理中心擔任引導者。

　　滿懷感恩能再次回到這本書，在不失原來豐富內涵下尋求修訂。蘇菲亞和吉安娜踏上了約五十年與孩童快樂偕行的旅途。他們分別於二〇〇二年（吉安娜）和二〇一一年（蘇菲亞）離世，但這段旅程至今仍在進行，並擴展到六大洲，觸及無數的孩童！

寫於 2019 年 2 月 15 日

前言

孩童的靈性與宗教潛能

父啊！天地的主宰！我稱謝你……
　　——瑪竇（馬太）*福音 11 章 25 節

＊ 本書中的聖經名詞（如章名、人名……等），在每一章首次出現時，以天
　主教、基督新教通用譯名對照的方式呈現，以便雙方讀者閱讀。

本書的主要目的，是作為孩童靈性與宗教潛能的紀錄文件。藉由孩童自己說出口的話語紀錄，或是他們所繪的圖畫，我們盡其所能地讓孩童自己發聲。

本書是歷經二十五年、針對三到十一歲孩童善牧教理課程的結晶，目前以我們在三到六歲孩童身上所能觀察到的現象為主，唯一例外的是第一章和有關道德養成那一章的一些參考資料，我們想記錄孩童在六歲前所做的關於行為動機的工作，對他們在兒童期後期會有怎樣的影響。

我們遵循的方法，是在有著特別準備的善牧教理中心（私人設立和堂區設立的都有）觀察孩童。孩童一週一次在中心度過下午大部分的時間。在那裡，孩童有機會自由選擇活動項目，並使用專為他們準備的教具，而這些教具，我們也會根據孩童的反應而加以改善。除了這些中心，這課程也拓展到一些托兒所和小學，因此我們有了管道，在教理課程已成為孩童生活中更自然一部分的不同脈絡下，檢視我們的工作[1]。

除了極少數的例外，我們避免詢問孩童系統性的問題。取而代之的是，我們試圖在個別交談和團體討論中瞭解孩童的思考模式。特別能啟發我們的是，看到孩童多次要求重複幾個特定的主題，以及觀察他們如何使用教具的時候。我們多次看見孩童沉迷於某些主題，且延長操作教具的時間。我們相信，每當這種情況重複發生，就表示課程的內容和示範方法是符合孩童興趣和需求的。

這樣一來，幾個主要元素就慢慢地描繪出來了——孩童顯示出他知道了，不是以學術方式知道的，而是這些好像是他本人一部分的那種知道，幾乎就像他一直都知道一樣。關於耶穌

講的比喻，有些我們會保留給年齡較大的群體，而對於兒童，我們會專注於那些已證實能讓他們保持熱衷和興趣的比喻。

　　這個起源於羅馬、針對中產階級背景孩童的實驗，迅速發展至羅馬近郊農村和工業區，也傳到非洲查德、巴西、墨西哥、美國和加拿大，觸及了來自不同文化的孩童們。雖然孩童們來自不同的文化，但他們對本書所提供的主題，回應總是相當一致。正是這個原因，我們沒有把它視為這個孩子或那個孩子的個別反應，而是「兒童」的共通現象。

回應孩童內在的「饑渴」

　　我們會在第一章及第二章談到善牧教理課程的「演出者」：神、孩童及成人，並試圖記錄孩童與神之間的神祕結合。這樣的結合（偶爾來自於成人微不足道的請求）存在於兒童的童年期早期，甚至存在於靈性「營養不良」的個案中，而且，這樣的結合是早於任何宗教教導的。

　　孩童在與神相會的世界裡所展現的寧靜及喜悅，讓我們確信宗教經驗能回應孩童內在深沉的「饑渴」。宗教經驗在根本上是一種愛的經驗，而對人而言，愛是生存的必需品。人並不會因為僅僅活著就滿足，是因愛和被愛而活著。所以當孩童接觸宗教事實時，我們會自問，孩童這個重要的根本需求是否得到了滿足，而這會直接影響孩童人格的和諧成長，如果缺乏滿足，就會對孩童生命帶來負面的影響。

　　在這裡，我們想起德國神學家布特曼（Rudolf Bultmann）所說的，宗教行為「使生命完整」。對於這樣的「饑渴」，孩童們感受得更深刻、更明白，他們擁有豐富的愛，也需要被愛，

就像他們與神之間具有共同的本質一般——因為神就是愛。

由於我們的實驗始於三歲，所以本書沒有包括三歲以下的幼童，我們也注意到因此而產生的負面限制。事實就是這樣，我們見證了三歲以上孩童的表現，特別是他們自發性的祈禱，這引發我們思考他們在三歲之前的潛能，而這一點極少或是根本沒有被注意到。是什麼樣的潛在能力？要如何幫助這項潛能？對筆者而言，這些問題仍是未知數。

在第二章，我們試著闡明「成人」這個角色的特質和其限度。成人好比是福音書中的「無用的僕人」，他們不配為孩童的潛能和上主的聖言服務，因為兩者皆不屬於他們，也因為他們工作的成果總是超過他們的預期。

然而，成人必須是「僕人」。成人不能逃避為孩童和上主聖言做必要的服務，別忘了，聖言的臨在不單沒有希臘人或猶太人的區別，我們相信，也沒有成人或孩童的區別。在神面前，我們聆聽神透過一些事件或話語對祂的子民說話。神的信息只能透過成人與孩童的「讚頌」來捕捉，而在這過程中，有時孩童的聲音比成人的聲音更強烈、更有深度。

從這個角度來看，善牧教理中心是孩童團體和善牧引導者一起生活、體驗他們宗教經驗的場所，也是一起慶祝上主聖言、一起聆聽、思考、祈禱、默想和工作的地方。在這個地方，孩童可以按照自己的速度做每一件事。孩童的速度遠比成人來得慢，也因為如此，孩童才能給自己做好準備，更有意識地參與成人的團體生活。

第三章到第八章敘述我們給孩童示範個別主題的方式，或者更精確地說，我們是經歷了無數次的嘗試，才有了目前的示

範模式。對我們所觀察到孩童最常有的反應，我們會一一指出並加以討論，也試著澄清——雖然對這些反應的澄清在心理學和神學上可能有所不足。

　　這些章節概述了我們為孩童示範的幾個主要主題：第一個是善牧（好牧人）基督，祂保護我們，和祂在一起「什麼都很好」（這是孩童常見的表達方式）；第二個是聖體聖事（聖餐禮），也就是「禮物的聖事」，天父藉此臨在於我們的生命中，我們也因祂的主動臨在而給予回應；第三個是基督之光和聖洗聖事（洗禮），基督將祂的光（復活之主的光）傳給了我們；第四個是天主的國——我們也可說是生命的奧秘——即是縈繞於我們內在與周遭那神秘而珍貴的臨在，是神充滿活力的力量，維持我們的生命，帶領我們向成長邁進。

　　以上這些元素帶給孩童完整的安全感，因而能夠回應兒童期早期會經驗到的重要需求。這些元素讓孩童與神的關係得以處在一個充滿信賴的基礎上。對於大一點的孩童、青少年和成人，則需要按照各階段的需求來整合。如此一來，神的面向更加豐富地顯現出來：那是把愛給了我們、給的還是寬恕之愛的神；那是在基督身上展現了英雄生命典範的神；那是一位尋找「愛人」關係的神。

　　此外，我們所提的這些主題，都強調了在宗教經驗中喜悅、享受的要素。確實，我們從「孩童興高采烈地接受神的禮物」可以看出且相信，兒童期早期是孩童安靜享受神的階段。當然，不同的階段會有不同的回應，有些甚至是帶有努力或掙扎的回應，但我們必須尊重人格成長的階段。

「樂在其中」的特質

接下來的三章較有系統性。首先是第九章〈道德的養成〉。之前說過,我們在孩童的兒童期早期所做的基督信仰宣講,是如何反映在孩童稍長之後的生命中。那些宣講並不具有道德元素,唯一的目的是讓孩童接受且樂在其中。這讓我們看到,宣講的直接效果是「樂在其中」這個特質,並對孩童的行為模式產生長程的影響。

行為是道德生活的落實,而道德生活的發展乃奠基於曾經喜愛及享受過的實際經驗。我們相信,這證實了孩童在兒童期早期所領受的事物,會成為他生命的本質。

第十章〈象徵的方法〉強調了這個方法的宗教性質。這個方法是不可或缺的,因為對我們而言,每當我們需要談論形而上的事實時,我們只能以近似的語言來表達。然而,不以圖像暗示說明、而以抽象的語言來下定義,這會冒著改變原本要傳遞之內容、影響其本質的風險。所以在某種程度上,方法與內容必須是同性質的。

此外,象徵(有時也譯為「標記」)的方法不僅是基督宗教信仰入門的必要方法(基督就是天父最偉大的「標記」),也是培養信仰心性(faith mentality)的工具。它是一個管道,藉此讓我們的知識不局限在可觸摸、可看見的現實。它讓我們學習如何不僅讀懂聖經與禮儀中的「象徵」,也讀懂世界上圍繞著我們的所有訊號。

在最後一章中,我們自問,善牧教理課程能否被稱為「人類學」的教理課程。我們會如此定義,並非因為此課程奠基於

個別孩童的獨立經驗,而是建立在兒童根本架構的基礎之上。換句話說,我們並沒有在孩童的生活經驗中尋找基督信仰訊息與人類學的關聯,而是在孩童那些已被整合的迫切需求中、在愛與被愛的需求中找尋。

對於這一點,「經驗」(*esperienza*)為我們的思考提供了基礎:就好比我們的一塊心田,一旦被生活開墾過(有時甚至是糟蹋過),那它無論是在任何情況下,都已經被限制住了。另一方面,「渴求」(*esigenza*)有如一份等待滿足的渴望,又好比蓄勢待發的螺旋彈簧,與「經驗」不同的是它所展現出的初始動力(參閱第十一章)。我們試圖以宗教滋養來滿足孩童內在深處一定程度的渴求。

另一個相當有意義的現象,是觀察孩童如何整合那些在不同時段示範給他們,以「善牧」為主、富神學性的各個主題。書中收錄的許多圖畫可以證實這一點:聖體聖事是善牧召喚他的羊群,以愛餵養牠們;在聖洗聖事中,羊兒被迎入羊棧,接受光,成了「光明的羔羊」。祈禱主要是在讚美及感謝善牧,因為善牧接受我們「進入美好的羊棧」。善牧的立體模型有時會放在白冷城(伯利恆)的洞穴旁,而善牧與點燃的復活蠟燭是兩個可交替的圖像;如此一來,便呈現出「聖誕節」和「復活節」這兩個善牧生命中的歷史事件。

值得注意的是,這樣的整合是孩童以自己的語言或圖畫表達的結果,在這之前,引導者也不清楚孩童會怎樣表達。我們一次只聚焦一個主題,是為了配合幼童需求的神之面貌以及呈現的方式。基督宗教的各種信息會自然而然地朝向善牧的形象會合,這個現象源自於孩童不變的寧靜、和平與深度的滿

足——而如先前所述，這群孩童來自相當多元的環境。我們因此自問：這位善牧不是正以一種特殊的方式，滿足了孩童的宗教渴望嗎？

愛的禮物

宗教經驗與那最根本、最重要的渴望相呼應，這是一種愛的經驗。善牧「為他的羊捨棄生命」，他來是為了「使他們獲得生命，且更豐富的生命」；比喻向我們宣報了與豐富生命相稱的豐富之愛。比喻所講的「愛的禮物」既不抽象，也不是一個「東西」。善牧把自己的生命給了他的羊：他給的是他的關懷、臨在、引導，在他帶來復活的死亡中獻身。

所以，善牧那份愛的禮物不但滿足了我們內在深處不可缺的需求，同時實踐了生命的根本法則。觀看現實的每個階段，生命經由一系列的「死亡」而展開，繼而邁向更圓滿的生命。這是我們在周遭、在自然界中、在自己之內所看見的法則，我們的生命藉著當年兒童和青少年的「死亡」而發展，邁向更完整的階段。

現實的秘密似乎就在持續不斷地從「少」到「多」、從死亡到復活的道路上。現實的秘密似乎存在於一粒種子之中，一粒時而隱藏在對立環境中的生命種子。即使在死亡中，復活依舊萌芽。它縮得越小、隱藏得越深，便越有力量和能力將生命帶向更偉大的圓滿。在我們看來，基督信仰的奧秘，是管理整個宇宙成長的一個法則象徵性和歷史性的表達。

基督信仰的信息紮根於人以及整個現實的最深處，且絕不會帶我們遠離現實，去建構那些上層結構。基督信仰滋養人

們那些壓抑不住的饑渴，同時光照我們周遭的一切。孩童接觸基督信仰的信息時，他經驗到的喜樂與滿足感便能解釋這個事實，也就是說，基督信仰的信息在根本上就符合人的迫切渴求，也符合現實。

當然，對於「善牧比喻」如此豐富的內涵，孩童的領悟是逐步漸進的。但我們認為，善牧教理課程奠基於一些主要元素是很重要的。這些重要的元素能夠伴隨孩童的成長，從青春期到成年，逐漸向他揭示，也引導人對現實有更深刻的洞見。

看到這樣一個有系統、配合禮儀年＊給予明確主題及教學進度的課程，或許有人會納悶，該如何對六歲以下的幼童談教理，或是更合適地說，該怎麼向他們「傳教」。一般我們認為，模糊不清的有神論（theism）難以久存，但是宗教感的形成卻有必要來自一個確定的宗教。只有宗教感而缺乏內涵，就如同哲學家桑塔亞那（George Santayana）所形容的：「想說一種語言，卻不用舌頭。」

如果我們要談神，我們就得使用一種語言，而我們用來談神的那個語言就代表了一個實際的宗教。那麼，進入基督宗教的領域，任何含糊其詞都和這個深具降生特質的宗教背道而馳；這個宗教是以一個人（Person）和他的事蹟為根據，除非有人宣揚，否則他人無法得知，因此信息的傳達是原始和基本的。與一個自然主義宗教不同的是，我們無法單靠簡單的觀察來瞭解基督宗教。馬魯（Marrou）說基督宗教是「要學習的宗

＊ 編注：如同華人在一年中，會以農曆年、端午節、中秋節……等節慶來紀念歷史中的人事物一般，天主教的信友們在每一年的生活韻律中，也以聖誕節、復活節、聖神降臨……等節慶，來紀念耶穌基督生平在世的一些重大事蹟，稱為「禮儀年」。

教」，對成人來說的確如此，而我們認為對兒童來說也是一樣。

　　所有現代心理學都提出兒童期早期不可思議的能力，難道在宗教領域就例外了嗎？在我們那個時代，我們講到幼兒三歲就能閱讀，那麼，難道孩童只有在宗教領域是無可救藥的「文盲」嗎？

　　顯然地，我們無意把兒童塑造成出名的神學家（這裡的神學家是帶有貶義的）。談到善牧教理課程或是福傳，如果我們腦中想的是那些教科書上系統化的抽象概念，那麼本書提出的主張可能會讓大家困惑。我們不會給孩童那樣的教材。

　　我們試著讓孩童接觸「根源」──也就是比例均衡的「聖經與禮儀」；神藉著它們以活生生的形式啟示、通傳了祂自己。我們希望孩童對這些根源的熟悉度能夠與日俱增，同時參與今日不斷更新的教會。我們也希望兒童在基督徒團體中能找到一個定義更清楚的位置。今日的基督徒團體仍然在上主聖言的臨在中，以一個特別的立場聆聽。我們希望孩童跟成人在一起時能夠平起平坐，也能被納入「聆聽者」中。

　　在這些根源中，我們提供必要的元素，來引導孩童進入教理的第三個根源，也就是對「生命」的看法。特別在第八章〈關於驚奇和天國的教育〉中解釋了如何經由一些比喻，幫助孩童打開眼睛，以驚奇而著迷的眼光，探索生命的奇蹟和他周遭的世界。

　　我們戒慎恐懼地意識到，我們正提出相異於當代教理課程的材料，特別是第四章和第十一章。顯然地，我們並不自稱有絕對的肯定。我們只是傳達我們至今與來自不同環境的孩童們，在一段漫長相處的經驗中所觀察到的，而觀察孩童是我們

在這期間的指導原則。

　　我們相信，我們的經驗也不過是滄海一粟——即使包括了過去的學生和工作夥伴的經驗。然而，在研究孩童世界的奧秘和孩童與神的關係上，這些經驗必定有些價值。我們請求分享本書觀點的讀者們，不要將書中的觀點視為終點，而是作為朝向更深、更成熟之研究方向的起點。

　　對於這些篇章中的各種美好，以及特別在書中所表述的工作，我們深深地感謝天主，是祂讓我們透過孩童為聖言服務，是祂引導我們與孩童更實質地深入其中[2]。

第一章

神與孩童

因為你把這些事只啟示給小孩子。
——瑪竇（馬太）福音 11 章 25 節

在開始討論任何有關孩童宗教教育的課題之前，我們應該問自己一個根本的問題：「讓孩童接受宗教教育合理嗎？」

今天，我們非常小心而且有理由不去把自己個人的選擇強加在他人身上。然而，帶領孩童進入宗教生活，難道不就是把我們認為最有價值的東西賦予他們嗎？缺了這一環的孩子不也一樣快樂、不會影響他的生活或和諧發展嗎？或更糟糕的是，我們難道不是在用這些不重要的上層結構來讓孩童的生活更複雜，拿他不需要的東西加重他的負擔嗎？

我們必須在孩童自身之內尋找這些基本問題的答案。成人不能也不應該用理論來回答。答案必須來自於對孩童專心且客觀的觀察，所以，是孩子自己要告訴我們，他要或不要我們協助他去發現神和超驗的實相（transcendent reality）；是孩子自己要告訴我們，宗教經驗是否為建構他人格的一部分。人與人之間的關係常常是一個奧秘，人與神之間的關係更是如此，但能瞬間穿透這層關係的秘密有時候是存在的──在一些收集的文獻中，證明了孩童內在自發的宗教性（*religiosita*）。

神對孩童的吸引

瑪麗亞‧蒙特梭利（Maria Montessori）在其著作《教育上的自發性活動》（*Spontaneous Activity in Education*）中，記錄了吉迪歐納（Vladimir Ghidionescu）教授於一九一一年在布魯塞爾國際教育會議的報告[1]。他提出一個案例，一個從未接受任何宗教教育的孩子，有一天突然哭著說：「不要責備我……當我看著月亮的時候，我覺得我使你傷心了，我知道我得罪了神。」

同一本書中，蒙特梭利加了另一個案例，是她親眼見證，

也是與她個人有關的。一個七歲的男童同樣沒接受過宗教教育，他學的是拉馬克和達爾文的進化論。在聽了理論的講解之後，這個孩子問：「第一個生物是從哪兒來的？」他的朋友回答說：「第一個是偶然發生的。」聽完這話的孩子大聲笑出來，興奮地對他的母親喊說：「聽，多麼荒謬，生命是偶然發生的！不可能！」當他被問到「生命是怎麼形成的」，他篤定地回答說：「是神。」

在這個案例中，我們面對的是邏輯性的推論。這樣的情況相當普遍，舉例來說，加洛（S. Gallo）收集了不少聾啞孩童的個案[2]，顯示這樣的智力現實只能發生在七歲以上的孩童身上，他們能夠輕易地表達自己的思路，所以成人也較容易對此驗證。

儘管如此，讓我們感興趣的是，在智力萌芽之前，兒童與神之間是否存在著一種根深蒂固的關係，而不是僅存於智力的理解之上。這樣的探索需要驗證的工具，而驗證工具是難以獲得的，因為我們必須專心於孩童生命中完全自發性的事實，而孩童的表達或許不會像前面提的案例那樣明確和直接。

下面的例子和蒙特梭利提到的個案有著相似之處。這是一個三歲女孩的經歷，她在成長過程中沒有受到任何宗教的影響，她沒有上過托兒所，她的家裡沒有人對她提過神（甚至是她那位自稱無神論者的祖母），她也沒去過教堂。有一天，她問她的父親一個關於世界根源的問題：「世界是從哪兒來的？」父親用唯物論的論調來回答，並且補充說：「但是，有些人認為世界是來自一個全能的存在者，他們稱之為神。」一聽這話，女孩興奮地在屋子裡奔跑，喊著：「我就知道你告訴我的不是真的；是祂，是祂！」

　　我們可以自問，這案例的反應有可能是出於邏輯思考嗎？（才三歲！）或者，這不正是孩童與神之間特殊關係的表述？這種關係不僅彰顯在孩童對一份真理的宣告上，也顯露在他深深被觸動的喜樂上。像這樣的案例讓我們思考孩童強烈的宗教性，與青少年不同，是足以抵擋負面環境條件帶來的破壞的。在這種情況下，我們似乎有個心理學所常主張的例外，那就是人類或多或少是環境的產物，那麼在孩童的內心，是否存在著與神相結合的神祕現實呢？

　　誰會相信一個四歲的孩子能有形而上的直覺能力呢？四歲的洛倫索出生於天主教家庭，但是他沒有接受任何教理課程，在宗教上也沒有得到什麼特別的照顧。有一天他的姑姑叫他畫「神」，他在紙的左下角，也就是在次要的位置，畫了一個頭很大的人，然後在整張紙上畫滿了記號和數字。姑姑問他紙上的數字是什麼意思，他解釋說：「因為祂們有好多個。」洛倫索所直覺的神是無限的。

　　顯然我們這裡論及的是短暫的時刻，而我們想知道孩童自己意識到這些時刻的深淺程度。無論孩童們是否帶著這樣的意識，都不妨礙他們形塑生命的事實，在不知不覺中，這些時刻在他們心靈深層持續發酵。法國著名小說家朱利安·格林（Julien Green）寫道：

　　在這黯淡的歲月中，我記得那從未經驗過的瞬間濃郁的喜悅。這樣的事可告訴他人嗎？或是該保密呢？那個剎那，我在這個房間，望著玻璃窗，看到天空灰暗，稀疏的星星閃爍著，那個剎那充滿了整個房間。有什麼文字能表達難以言喻的

事物？那個剎那或許是我一生最重要的時刻，我卻不知如何述說。我獨自在無燈的暗室，雙眼望著長空，那時存在的只能說是滿而溢出的愛。

雖然我愛這個大地，但從沒像那瞬間一般地濃烈，然而我不知我愛的是誰。我卻知道當下祂看著我，祂也愛我。我不知道我的思緒從哪兒來，我知道某個人在跟我說話，卻沒有言語。說了這些，我也都說完了。為什麼我要在還無法建構清晰詞句，也不知道自己是否存在的時候，寫下那無言的感受、短到頂多只能數到十的剎那？為什麼要寫那忘年的剎那，那幾乎被一連串的日夜流水抹掉的剎那？早知道我就先保存好這個剎那來面對考驗了！為什麼這記憶又回來了？有何意義呢？[3]

在一本 M.C. 未出版的書中，敘述了另一個類似這樣極喜悅的時刻：

一個夏季的黃昏，我站在打開的窗戶前。窗台下方的瓦片傾斜了，後面還有其他部分往下掉，窗戶則向著廣闊的空間開啟。鄰近的屋頂傳來蟋蟀在黑暗中斷斷續續的叫聲。我清楚記得蟋蟀在寧靜夜裡發出的聲音，中斷又重新開始的尖銳叫聲。我記憶猶新（甚至還有身臨其境的感覺），那時的感知變成了一種感覺，更準確地說，是一種意識，這樣的狀態漸漸以一種非凡的強勢能量，迅速帶我進入非物質的宇宙性啟示中。

首先我感覺到的是空間，或者更精確的是一種無邊的空間在我面前展開的感受，一瞬間，那種廣大令我驚嚇。可是另一個瞬間，所有的遲疑消失，一股來自深層存在的動力把我推進

那個似乎只為我開啟的空間，讓我在其中擴張。這是在那迅速進展的當下我所能辨識的經驗。

下一刻，接著而來的是時間感的消逝，跟前面的情況不一樣，因為我覺知一股不可抗拒的熱情在我內部燃燒。我徹底地感動；溫暖、柔和、甜蜜、充滿了愛。我所有的感情猛烈流放，更加親密地在我的內部運行。從柔和到親和，是滲透的運行，後來我知道它的名字叫愛。

那個時刻事實上還在，彷彿一股濃烈的誘惑，淹沒我、吞噬我。我對此狀況的回應是接受，甚至想要更多。想起首次覺知自己所經驗的在空間運行，那剎那像是擁抱，我也從靈魂的深處向著無法想像的啟示升起一股熱情。

第三個時刻接續而來，我會說，隨著我意識的轉化，這比之前的經驗更完美。一切確實都是主動自發的，那個擁抱的經驗在我內心轉化成豐富的喜悅。一種驚豔的喜悅、一種熱忱的喜悅淹沒了我。我全然在喜樂的光中燃燒著，如此濃郁、完整，那個感受讓我動彈不得，在我記憶中留下的是完美的滿足和絕對的合一。那天晚上活生生的經驗就這樣結束。

我確定我的經驗按著我所述的方式展開：從空間的拓展到愛的行為，進入喜悅。它螺旋般地展開、上昇，吸住了我，但是有種願者上鉤的意思，是我選擇了要跟隨。我不知道那事件發生時我到底幾歲，我想是五歲吧，也可能是六歲或四歲。無論如何，那天晚上的事件，是我在自己生命中能找到的第一份記憶。

雖然我已盡可能試著尋找，但在這之前也找不到什麼記憶了。所以我可以確定，那天晚上是我的意識的誕生。也可以

說，雖然那個事件後來對我來說似乎是陌生的，它卻催迫我去反省、試圖去瞭解，可是事件發生的當下對我來說又是再自然不過。我確信生命中的那個時刻，我被引領邁向存在，那是我整個意識生命的基礎。還有，那個時刻的事件並沒有破壞我童年的純真，我繼續過正常的童年生活。確實，我所知道的那個事件是很棒的，卻又是那麼自然。

這些文字述說了超越理性範疇的神－人關係，那樣的關係要在深度存在的層次上才能找到。上面所描述的經驗相當複雜，其本質是情感、認知及道德：那是要確定一個存在，一個愛的存在，以強大的「魅力」吸引著那個孩子，但又有種「願者上鉤」的意思，是那孩子自己「選擇了要跟隨」；所以，那個存在不是強迫性的，而只是等待回應。

琳達也有類似前面兩段引述的經驗。她記得那發生在她的兒童期早期，確定是六歲之前。有一天，她看見一隻飛舞的蝴蝶，她被吸引而一路跟著，突然間「我周遭的東西好像都展開了」。她似乎清楚地看見每樣東西，「我全身充滿了喜悅和溫暖」，那是她從來沒有經驗過的。那個感覺是如此濃烈，以至於女孩喜悅地哭了，跑去母親那裡說：「媽咪，我知道神。」

很久以後，琳達回憶起那個事件，才把那個經驗跟愛相連結，而在當時，她只覺得那是一個「非常新鮮，很不一樣，沒有什麼依據」的經驗。這並非孩子用頭腦理解出來的，她後來對母親所說的話也「不是說明，而是驚嘆」。

接下來是一位北非女性的回憶，一個發生在她三歲時和家人在一起的經驗。值得注意的是，在家中，她的父母不許孩子

提「神」這個字。這是她在持續幾天的沙塵暴過後,有一天到戶外呼吸新鮮空氣時所發生的事:

> 我的裡面和外面好像發生了什麼事,我清楚記得所有特別的細節,突顯在一些被遺忘記憶的灰色背景中。這個經驗成了我一生靈修生活的泉源。
>
> 我在一個小山丘上,突然間,上面的天空和周圍的一切都在發光。黃昏的夕陽反射在空中數不盡的沙塵分子中。它像是浩瀚無邊的深紅色火焰,從這端到另一端,帶著艷紅和深紫色。我被無限的美景和光芒四射的吟唱迷住了。
>
> 我同時在內心呼喊,我知道這些美景都是神創造的,我知道神。這是我父母一直隱藏著的一個字。我沒有適合的文字來稱呼祂:「老天爺」、「阿拉」或是「上帝」,是人的嘴巴起的名字,但我內心知道一切唯獨來自於祂,而我可以面對祂,藉著祈禱與祂建立關係。我做了此生中第一個敬拜的動作。
>
> 這看起來確實很戲劇性。沒錯,六十多年後這經驗還緊跟著我。即使後來的歲月中有理性的懷疑,我仍是無法抹滅這個經驗。我無法離開這樣的敬拜,並開始了祈禱生活。[4]

這個事件無法再畫蛇添足。何況,告訴她的父母那些連她自己也無法理解的事,也不會有任何幫助。

我們到此所分享的都是六歲以下幼童的經驗,下面則是描述成人回想他們六歲時的經驗:

> 有一次我看見神,我不確定「看見」和「神」是不是適合

的字眼，但那是我僅有的字眼。

　　當時我六歲，站在草原山坡下，那裡距離我在紐約市的家大約二十英里。草原上有森林區，上方有晴空。父親把我們從城市帶到那草原附近的旅館，度過兩週的暑假。即使那個下午我沒有碰見神，我仍會記得那些日子，因為那是我第一次住旅館，被服務員服侍，還被蜜蜂螫了。

　　這是猶太教的潔食旅館，遵守安息日（這個孩子是猶太人），我這樣說不是要解釋為什麼神與我相隨，而是要強調我來自虔誠的家庭（幾乎所有我認識的人都是）。即使是在那個年齡，我也很清楚神是誰、祂做了什麼。

　　那天發生的事難以解釋。世界變得光芒四射，不是那種會叫你閉上眼睛的刺眼光芒。事實上，放射的不是光（雖然很類似光），但比光還要複雜，有某種像伴隨著整個管樂團合奏而來的聲響。事實上以人的感知而言，可以更精確地說是有某個東西在大喊，而我聽見了。聽見之際，我覺得自由、被接納、飄飄然、滿而溢、炙熱、遙遠、親近、確定、喜悅，奇怪的是，在這樣的情況下卻又是完全地平靜。

　　以我所受的教育，我不應該會想說那是神，那當然是很棒的事物，但不是神。可是我知道那就是神，我看見了，或是祂看見了我。當時我並不認為這有什麼不尋常，因為某些因素，我至今仍不這麼認為。那不像跟我看見一頭熊或一隻鹿從森林走出來、穿越草原一樣，那讓我覺得跟我的母親有所連結。

　　這是跟上面故事完全不一樣的環境下，一位孩童的經驗。雖然它們有一些共同的元素，例如這些經驗完全是自然發生

的、覺知到所發生之事難以捉摸、完全無法言喻,直到經驗的事過去已久才會意出來。這些個別經驗最大的不同處在於它的「相互性」,說故事者知道他看見神,神也看見他。

以上所舉的例子都是生命早年的宗教經驗,這些經驗給當事人的生命定下了方向,也顯示出孩童在尚未碰到文化性的刺激之前,就已有了宗教生活的問題。

另一個神秘的會晤,是兩年前發生在一個來自羅馬市郊的六歲女孩身上。莫妮卡在托斯科拉諾(Tuscolano)的蒙特梭利學校上學,善牧引導者先給孩童們展示祭台模型和與祭台相關的物件,之後帶著孩童們去教堂看祭台和其它物件的實體。

莫妮卡和其他同學回到學校後,背向著其他孩子,再次開始祭台模型的工作。突然間她停止工作,轉身向其他同伴說:「今天我好開心,我去了教堂!媽咪從來不帶我去教堂。她都沒時間。今天終於有人救了我,我覺得好自由。」這些話的措詞和內容似乎超過了孩童的能力,引導者很驚訝,立刻做了記錄,並且按照孩童所說的話如實做了報告。

方濟(五歲)所說的話,似乎同樣不符合幼童的程度:方濟一定知道他母親不是信徒,他問母親說:「你比較愛我,還是比較愛神?」母親自然回答更愛他。男孩卻回應母親說:「我想那是你很大的錯誤。」如果不是母親複述了方濟的話,我們很難相信這樣的措詞是出自幼童之口。此外,經過多方面的觀察,我們發現孩童的本能和超性能力是有差別的[5],孩童內在的宗教元素和外在的刺激並不相稱[6]。

前面說過,我們面對的是短暫的時刻,例如,閃爍的光瞬間照亮後隨即消失。然而,這些現象能讓我們多少瞥見孩童

內在的神秘實相；它們彰顯了孩童的潛能和富足，對這樣的本質，我們無法成功地賦予定義。雖然我們面對的是閃現的事實，卻無法否認其重要性，因為對孩童而言，在早年斷續地經驗生命內在資源的片段是恰當的，這些斷斷續續的片段經過環境的協助，後來逐漸地成為孩童內在持續的習性[7]。

孩童的語言除了文字本身以外，經常包含行動以及內在的態度。如果同樣的行動和態度一直出現在不同背景的孩童身上，那我們就要問其意義何在。關於這一點，我們願意談談孩童在面對宗教事實時所表現的熱情吸引力，他們甚至會忘記或放下原先更感興趣的事。三歲半的艾達還沒有領受洗禮，她真心喜愛在她的托兒所舉行的祈禱及慶典。假期時艾達去了農村，在那裡她發現農夫們上教堂，她就坐立不安，直到她也跟著去了教堂。她的父母很感動。他們是無神論者，但很尊重女兒，就把女兒帶去神父那裡領受洗禮。

方濟兩歲兩個月。聖誕節時，他收到了他生命中第一部小三輪車，同時他母親也給他講了聖誕節的意義，並給了他一個小馬槽。方濟開心地拿著馬槽而完全忘了小三輪車，他拿著馬槽和所有配件在房間裡到處走動，一再地拿給祖母看，為的是祖母可以再跟他說一次聖誕節的故事。

三歲半的夏綠蒂住在姑姑家，當她看見姑姑準備出門，就問姑姑要去哪兒；姑姑說去參加彌撒，她大聲宣布：「我也要去！」這樣的狀況持續了好幾天，沒有任何人對她有半點催促。有一天，另外一個孩子來跟她一起玩，她告訴姑姑不跟姑姑去教堂了。過了一會兒，她回來對姑姑說：「史蒂凡諾說他可以等，我先跟你去教堂。」

安娜也在她的兒子皮耶德克身上注意到有趣的事。在她和先生領洗之前，帶著五歲的兒子去義大利旅行，之後她和先生如此回憶道：

在義大利時，你能想像才五歲的皮耶德克在教堂參加彌撒的模樣嗎？回想一下在西恩納（Siena）主教座堂和在羅馬大殿的禮儀。對他來說，時間不僅不會太長，他甚至不想離開。

對他這種動個不停的孩子來說，相反的事物是自然而可以理解的！他覺得禮儀很盛大。我不記得我告訴過你，他在我們從義大利回到于克勒（Uccle）後對我說的話，他對我說：「媽，我們為什麼不再像在義大利那樣去教堂？」

在皈依（歸主）之前，安娜在朋友的堅持下告訴兒子，晚上會一起唸〈天主經〉（主禱文）。她注意到孩子對經文的話特別感到開心，她說：「當我忘了在接待客人的晚宴上祈禱時，皮耶德克總是不忘提醒我跟他一起唸〈天主經〉。我每天晚上唸經文。這段期間雖然我們都這樣祈禱，但我們不是信徒。可是孩子很開心。」[8]

另外一個值得一提的例子，是來自莫斯科一個女孩的事。女孩年齡不詳，但顯然應該很小：

……她衝進我的房間，看著那幅聖畫像（俄國東正教聖畫像）。女孩問我問題，睜著大眼睛，定睛在「耶穌和天主之母」的臉上，這是她生命中第一次看到這幅聖畫像。雖然我努力依她所能瞭解的程度，給這孩子（我的小堂妹）解釋，可是我的

焦慮似乎是多餘的。她對我說：「你知道，我已經知道祂存在，睡覺前我常跟祂說話；我知道祂無所不在，當我調皮時祂看著我，只在有些時候我會怕祂。我要怎麼跟祂說話呢？」

我深深受到感動，便教她劃十字聖號。看著她的小手在她瘦小的身體劃十字聖號，一種難以言喻的感受湧上心頭……「現在我可以親吻祂嗎？」她令我驚訝地繼續說：「但不是親臉頰，不像我親吻媽媽那樣。因為祂比媽媽偉大，比媽媽好。祂什麼都看得見，不責備我。祂比誰都好，而且祂愛我。請給我這幅聖畫像，我想要一直看祂。我要把它放在我的床邊，還有祂媽媽的聖畫像。把它當成禮物送給我吧！」

當女孩的母親到了那裡，女孩說：「媽媽，快來這裡，親祂。祂也愛妳。我至少看見了祂的臉，可是我已經認識祂很久了。」在母親尷尬的沉默中，她繼續說：「媽媽，你怎麼不說話？媽媽告訴我有關祂的事吧，我要多聽一點。」可是，小依利娜想要的聖畫像卻被拿走了。她母親如此描述孩子的反應：「她哭著請求我把聖畫像掛在她的床頭上方，她說：『我想要看著祂，我需要跟祂說話。』」[9]

孩童們對宗教事實的喜愛，也將他們帶入衝突之中，要去克服不友善的環境。筆者看過無數來自無神論家庭的孩童渴望親近神。六歲的馬西莫是個很難帶的孩子，有一天我不得不告訴他：「如果你繼續搗亂，我就不能讓你再來了。」馬西莫臉上變化的表情，表示這個警告他聽進去了。從那天開始，他不再作亂。

生活在無神論環境的孩童們，極少有機會能實際接觸到宗

教，但是為什麼這些事會這麼吸引他們？為什麼日常生活所有
影響他們的元素中，唯獨宗教性的元素在孩童生命中有特別的
回應，即使這些元素是零星而有限的？孩童在宗教領域所接受
以及所表達的，常出現不成比率的現象。以上所舉的例子，是
不同年齡層、來自多元環境的孩童們，他們顯示出神對孩童內
在的普遍吸引。

與神建立關係的喜悅

我要再次強調，神對孩童的這份吸引力在獲得協助時，孩
童會顯露出怎樣的喜悅。一九一五年，瑪麗亞‧蒙特梭利在巴
塞隆納觀察到，孩童們帶著喜悅的熱忱，首次回應了她在宗教
領域上的努力。她說：「教會似乎可視為這個教學法的終點。」
孩童們在教堂所做的活動是「重複他們在教室裡所學會的工
作……因此，這類事情必須吸引他們溫柔的心，作為他們耐心
持續努力的目標，並帶給他們歡樂和尊嚴的愉悅感。」[10]

阿拉戈‧米特漢斯（Arago-Mitjans）也注意到，孩童祈禱
時「特別喜悅」，當孩童參與宗教活動時，他「整個人受到共
鳴，變得寧靜、喜悅」。[11]

我們會在本書中描述羅馬教理中心的工作，而它的誕生緣
自於孩童的喜悅。安力可（六歲）、保羅（七歲）和馬西莫（六
歲）第一次與一位沒有經驗的引導者相會。保羅本來就不想
來，因為那是他唯一的假日，他寧願在家裡玩；而對引導者來
說，她完全沒有經驗也沒協助孩童的裝備，只有一本聖經。引
導者打開聖經第一頁，開始朗讀，讓孩童們進入聖經的經文。
兩個小時很快過去，當保羅的媽媽來接他時，他的眼睛充滿淚

水，不願離開。馬西莫寧願放棄他最愛的音樂課，要「每天」來上善牧教理課程，因為「這個更重要」。

在孩童喜悅的旗幟下誕生，教理中心隨著孩童們的喜悅而成長。其他使用同樣教學法的中心也證實了類似的狀況。在羅馬的科隆納（Colonna），孩童竟然撥快時鐘的指針，好讓他們可以早一點去上善牧教理課程。「你為什麼這麼快就來了？（其實課程已經過了兩個半小時）我正做得好好的。」六歲的露濟亞跟來接她的母親這樣抗議，她母親解釋之後，她仍堅持說：「可是我正做得好好的。」同樣六歲的蘿拉則是說：「我要睡在這裡，睡地板上也行。」

一位在郊區的引導者抱怨，跟孩童們的聚會無法按部就班；事實上，孩童們每堂善牧教理課程都想參加，他們不甘願輪流上課。只要到了學年的最後一堂課，孩子們都想無限期地留下來。九歲的莉塔說：「結束了，那我們什麼時候再回來？」秋天到了，她聽母親說沒辦法帶她回去上課，便哭了出來。馬可（六歲）雙手攤在桌上說：「你會幫我保留我明年的位置嗎？」[12]

我們根本不需要採取任何手段來吸引孩童上善牧教理課程，課程本身反而成了給他們的獎賞：「如果到聖誕節前你表現很好，明年就帶你回來。」史蒂凡諾（八歲）的母親覺得帶他來上善牧教理課程很麻煩，竟然跟他這樣宣布；而史蒂凡諾做了明顯的努力，即使母親得犧牲時間也不得不守約。「如果你表現得不好，週四就不能去上善牧教理課程。」老師這樣警告雷奧納多，一個五歲的搗蛋鬼。

可能有人會持反對意見，認為孩童們喜歡很多東西，有很

多東西都能輕易地讓他們感到開心。然而快樂有很多種。孩童有一種興奮型的「快樂」，短暫而容易消失，之後只剩下精疲力盡與煩躁。孩童常常是快樂一時，然後就變得情緒化，甚至掉淚。當孩童接近神時，我們見證到另一種快樂，我們稱之為喜樂，它在孩子身上呈現特別的平靜和滿足。

朱麗亞（三歲半）是個緊張脆弱的孩子，她中午從托兒所回到家後，常常感到精疲力盡。她每週有一個下午去教理中心，那裡的引導者正是上午在學校照顧她的老師；兩個小時的善牧教理課程之後，朱麗亞回到家，呈現放鬆、悠閒、平靜的狀態。約翰（八歲）、依莉沙白（六歲）、亞歷山大（三歲半）在羅馬待了幾週。他們跟媽媽拜訪了中心，可是他們並不想去，他們寧願自己玩；兩個小時之後，他們帶著深思及喜樂離開了中心，也沒有抱怨回家的長途步行[13]。

母親們常觀察到，孩童在上完善牧教理課程後的回家途中顯得沉靜、內斂。有時孩子們會用言語表達深深的著迷，並朝著愛開放自己。十歲的奧塔維歐說：「我好開心，我裡面有一種喜樂。」另外一個八歲男孩說：「我愛每一個人。」

善牧教理課程之後接著祈禱或彌撒，孩童們從來沒有不耐煩、到處亂跑或大聲喊叫的現象。如果有這種現象，就表示孩童在課程中是被勉強、約束的。相反地，孩童顯得滿足、平靜，並想要延長經驗、繼續沉思工作、柔和地說話，或是懷著濃郁和沉靜的喜悅唱歌。他們像是自己內在有一根弦被深深撥動了，在喜悅中繼續聆聽那發自心中密室繚繞的餘音。我們在孩童身上所觀察到的反應，和找到所屬社會氛圍的人很相似，一旦找到了就不願離開。

孩童們對宗教經驗的回應，似乎深深地觸動了他們，帶著全然的滿足：史迪娜和她的朋友祈禱一陣子之後說：「我的身體很開心。」阿拉戈‧米特漢斯也談到孩童的宗教經驗和祈禱所展現的靈巧和自然[14]。這使我們相信，這些是由孩童整個人的深處所產生的，對他們來說似乎是如此自然。

孩童的神秘知識

事實上，在宗教的領域，孩童們知道那些沒人告訴過他們的事。舉例來說，前面提過一個令人印象深刻的例子，女孩知道神是世界的創造者，在聽了父親的解釋後，她對父親的話感到不以為然，卻無法為自己辯護；但光是父親說出口的「神」字，便足以讓她領會到自己一直在尋找的，因而萬分高興。

在這裡，我要談一個偶爾會分享的經驗：多年前，我參加一群四到六歲孩童的受洗禮，我當時不確定是否該說明覆手禮的意義，心想這對這個年齡層的孩子是否太難了。但無論如何我都願意試試看：我在手中握住一個戒指，然後伸出雙手手臂兩三次，打開手掌，戒指就往下掉，我一邊解釋說，如果我要給他們禮物，我就會這麼做。然後我把手中的戒指拿走，再重複一樣的動作之後說：「在聖洗聖事（洗禮）中，神父在領洗池的水上方做這個動作，可是你們看不見任何東西掉下來。那他為什麼要這麼做呢？」

孩童們合聲回答，好像我的問題是多餘的：「因為他在送給我們聖神（聖靈）。」在場有兩位神學院的學生，我看得出他們有多驚訝。孩童們到底從哪兒獲得這個知識？我不知道如何作答，但確定的是他們知道。

幾年後，我要跟孩子們解釋聖體聖事中「呼求聖神」的意義。我再次用覆手禮的手勢，然後坐下問：「彌撒中，神父為什麼在麵餅和葡萄酒上面做這個姿勢？」露濟亞（四歲半）毫不遲疑地回答：「他在呼求聖神降臨到麵餅和葡萄酒上。」喬望尼（兩歲半）和父母親在餐桌上，突然冒出一段和之前聊天內容毫無關聯的話：「耶穌沒有跟爸爸一樣的『思想』（對喬望尼來說，『思想』或多或少意指『心靈』），耶穌的『思想』像神。」

看見無形之物的能力

事實上，孩童看那些無形、不可見的事物，幾乎比看現實中的可見之物還要清楚。比安卡（五歲半）使用酵母和麵，這是一個將天國比喻成會使麵粉發酵的酵母的活動。引導者請她給一位來中心訪問的女士分享她剛剛在做的事，比安卡回答：「我在觀察天國怎麼成長。」

一群六到七歲的孩童們和引導者一起默想：受洗是參與復活基督的生活。所有孩童都手持著從復活蠟（象徵復活的基督）點亮的蠟燭。為了協助孩童默想，引導者向他們解釋他們所接受的「光」的美，但是雅妮思不停地糾正引導者，說「它不是光，它是美善」。對她來說，似乎美善比光的可見度還高。孩童輕而易舉地穿透象徵的慢帳，以極大的能力「看見」它們超然的意義，在有形可見和無形不可見之間，似乎沒有任何障礙。

祈禱的能力

無論是祈禱時間的長短，還是自發及莊嚴的表達，孩童們其實擁有非凡的祈禱能力。他們的讚美和感恩是在同時間表達

神的親近和超越。 這一點我們以後還會多談（參閱第七章）。

「形而上」的孩童

　　這些年來，無論是直接還是透過合作者或學生，我們觀察到的一切，帶領我們去思考孩童是「形而上」（這個詞彙不是出自我們）的存在[15]。他們能與感官及可知有形的世界相契合，同時又能在超然世界中輕鬆地漫遊。幼童們喜愛與神會晤，並深感滿足。「神和孩童相處得很好。」這是瑪麗亞・蒙特梭利的工作夥伴阿黛爾・科斯塔・諾奇（Adele Costa Gnocchi ）常說的話。

　　如果要對此情況做全面的解說，或許我們可以說，既然宗教經驗在根本上是愛的表達，那麼它便以一種特別方式與孩童的本質相呼應。我們相信孩童比任何人都需要愛，因為他們本身就有豐富的愛。孩童對愛的需求不是因為缺乏而需要去填滿，而是因為富足而尋求相稱的對應。門卡雷利（M. Mencarelli ）觀察道：「宗教態度不只是……為了回應一個需求，它是在與神之關係的運作中建構整個人格。」[16]

　　我們似乎能以艾伯羅・阿爾加拉（Alberoa Algarra）教授長時間在羅馬的兒童之家（阿黛爾・科斯塔・諾奇創立的機構）的觀察中所得到的結論，來肯定這樣的論述：在行為上有任何障礙的孩童，要進入宗教經驗會有極大的困難[17]。阿爾加拉觀察到，當孩童漸漸「正常化」後，他們對宗教會表現較大的興趣，並且和其他孩童一起表現出宗教素質。

　　所以，孩童不是為了尋找彌補而歸向神，而是出自他們內在本質的深度渴求。孩童需要無限、普世的愛，這是人不能給

的。我相信，沒有一個孩子能在他所想要和需要的程度上得到
滿全的愛。已有科學證實，對孩童來說，愛比食物更重要[18]。孩
童在與神接觸之際經驗到永恆的愛，同樣地，他們在與神接觸
之際發現了自身存在所需要的養分，有了養分，與神的關係才
能和諧地成長。

　　神是愛，孩童對愛的渴求勝於母親的奶水，那麼孩童與神
的相會便呼應了雙方的本質。孩童與神相遇時，他身為人的深
度渴求便得以滿足而欣喜——那就是生命真實的迫切渴求。幫
助孩童的宗教生活，絕不是把陌生的事物強加在孩子身上，我
們是在回應孩童無聲的請求：「幫助我，讓我自己更親近神。」

第二章

孩童與成人

誰若自謙自卑如同這一個小孩，這人就
是天國中最大的。
　　　　——瑪竇（馬太）福音 18 章 4 節

　　義大利主教團出版的一份文件說道：「孩童的宗教世界有它自己的面貌。」[1]吉安卡洛·米蘭西（G. Milansi）也寫道：「孩童的宗教是特別的，它不能與成人的相提並論。」[2]

　　孩童的宗教世界與成人的宗教世界大相逕庭。成人與神的關係不再如此開放與平和，而這對孩童來說卻是很自然的。對成人來說，宗教生活有時是種緊張和掙扎。在成人眼裡，超越的實相有時會被眼前的現實所掩蔽，但對孩童而言卻是如此透明。

　　此外，成人與神的關係已失去了孩童宗教人格特有的本質。孩子越小，越有能力接受偉大的事，況且，孩子只會因偉大和重要的事而感到滿足。孩童的內在生命是相當認真且毫無詭計的。哲學家沙特（Jean-Paul Sartre）也知道孩童是認真的人：「孩童在他們彼此之間厭惡幼稚的行為，他們是真正的人。」[3]

　　孩童的本質，或許就是那施加在成人身上最嚴格紀律的元素。我們的內心累積了多少上層結構的限制啊！如果我們要協助孩童更接近神，我們必須有耐心和勇氣，努力不懈地除掉自己內心這些多餘的元素，並試著走近事情的核心。這需要學習和祈禱。如果我們知道如何觀察孩童，孩童本身便會是我們尋求本質的老師。

　　面對一個在與神的關係上與我們那麼不一樣的生命，我們成人能做什麼呢？

宣講

　　成人的使命當然是引導孩童進入某些事實。成人必須讓孩童認識基督信仰中的一些基本事件；成人必須藉著自己的作為

和整個生命，將真理和價值傳承給孩童，但也要透過話語來傳遞。換句話說，成人要宣講神，那位透過基督啟示了神之愛的神；成人具有「宣講」（kerygma）的使命。

面對孩童，我們應該要多一點宣講和福傳，少一些教理；這是孩童首次經驗到被聖言激勵的時刻，且呈現的方式也必須具有「宣講」所有的特質[4]。猶太－基督宗教的特質建立在事件上：猶太人和基督徒的神，是在人類的歷史中啟示了自己並通傳給人們，所以，對神之聖言的理解，不能只靠環顧四周、敬畏大自然，就像是自然宗教所作的崇拜一般；也不能只生活在一個純粹基督信仰的環境中。對於要傳授給我們的聖言，我們團體的周遭環境是不可或缺的支持，也是領受聖言必要的土壤；然而，生活在那土壤中並不能取代訊息本身。

基督徒是在「一起聆聽上主對他們說話」的信徒團體中誕生、成長。「以色列，聽……」這是上主對古以色列說的話，在基督徒的領域中，這句話至今仍然有效[5]。葛拉索（D. Grasso）觀察道：「宣講聖言是講道中一個重要的面向，可以延至受洗以後，但不得省略。」[6] 所以，宣講必須要能不斷地活化每個討論，作為「依據並且激發革新」，以避免在傳遞宗教真理時，淪入乾枯和抽象化的危險之中[7]。

接受宣講的人

接受宣講的人，就是孩童與成人 —— 他們同時是宣布者和聆聽者。確實，對於來探索新事物的孩童而言，宣講是必要的。然而，這對成人來說也一樣，面對那些停留在表面的事物，他們需要往深處探索，需要持續活化，否則就有可能喪失

生命中與各種事物初次相遇的快樂與活力。

執行宣講並不意味著處在教師的位置，而是從事一項特殊的服務。這項服務並不會改變我們面對聖言時該有的一貫態度：在一個帶來啟示、更偉大的恩賜之前，懷著喜悅、驚嘆、感恩和開放的態度。

能以孩童的角度、在他們當中一起聆聽的成人，會有一種非常刺激的體驗，因為孩童就是有本事把成人帶進驚嘆、感佩之境，而那正是幼童的特質。孩童會協助成人重拾訊息中的某些意義，並活化內在的泉源。感謝孩童那份與神的關係，在這段關係中，孩童的感受所帶給成人的喜樂，是最先留存且充滿在成人心中的，成人也因此能夠從我們這個世代的特定模式下，自己尚未克服的鬱悶中獲得釋放。

在團體中聆聽總是能滋養人，跟孩子們在一起更是如此。依我們的觀點，神的話對幼童和成人所產生的迴響方式完全不同，所以透過孩童，我們對聖言能有另一番細微差別的領會。然而，想要進入這種狀況，條件是引導者自己不能陷入以教師自居的誘惑，懷著開放的心聆聽，且說話時不能忘記衡量聆聽的對象。

懷著開放的心聆聽，是對孩童和成人教育的基本元素。「聆聽」就是「傾向於他人」，以接納的態度向周遭的現實開放自己；只有這個聆聽的能力，可以使我們免於圍著自己打轉。對孩童而言，我們認為兒童期是人類一生中聆聽的最佳階段，成人需要經過掙扎才能達到「單純而謙虛」的聆聽。庫曼（O. Cullmann）認為，為了親近聖言，這乃是必要的[8]。

對成人來說，接受聖言有一定的難度，他必須先除去心中

及腦海中的偏見。成人的接納空間總是不完整，而孩童卻是完整的。孩童能夠不偏心、不自私地聆聽，他們也因此擁有最高的領受力，所以兒童期早期乃是接受宣講的特優時期。

宣講的內容

談了孩童的開放性格，我們還得討論要給他們什麼樣的宣講內容。說孩童對聆聽持開放態度，並不等於他們什麼都接受，更不是什麼都能滋養孩子所表露的「饑渴」。

如果孩童如我們所說，是活在自己的宗教世界裡，那麼成人宣講時便不能拿自己作為準則，也不能依據自己個人的經驗和反應，埋首案前紙上談兵似地做工作計畫。成人必須把自己置於觀察者的位置，等候孩童展示他從基督訊息中吸收最多的元素，並且觀察神的哪個面貌最能滿足孩童在兒童期的需要。

關於老師尊重學生的態度，瑪麗亞‧蒙特梭利寫了一些很美的篇章，她對兩種老師——嚴肅、超然的學者，以及科學家——做了比較。前者高高地坐在寶座上，只有聽而沒有參與他面前的觀眾；後者則跟學生打成一片，懷著耐心和愛觀察生命的現象[9]。後者的態度才是教育者該有的。

知道如何觀察孩童的引導者，會領悟到孩童所尋找的最偉大和最重要的事實，孩童從中獲得喜悅和滿足。一個三歲半的男孩已經聽過「善牧」（好牧人）的比喻，當有人告訴他關於護守天使的事，說祂們是主派遣來保護我們的；這小孩觀察了一下，說：「我為什麼需要一位天使呢？我已經有善牧了。」這兩者雖然都表達了神的保護之愛，孩子卻毫無遲疑地在兩者之間選了較大的那個。

　　我們應該有所自覺，有時候我們不太認真看待孩童，沒有給這些「成熟」的孩童夠「成熟」的食物；算算有多少次我們隨意用「小」這個字冠在孩童身上。我們不能否認，我們忽略了給孩童這些最偉大的事實；我們幾乎不去碰這些事實，並視這種態度為理所當然。然而，我們也得問我們自己，宣告神的信實之愛、基督真的復活了，這真的是多餘的嗎？我們自己對這些事實的信念到底有多深？

　　此外，我們有一種心照不宣的信念，認為孩童沒有能力接收如此偉大的事實。我相信真理就是真理。是我們沒設法將這些重要且必要的事實傳遞給孩童，而假設孩童的無能，反而成了遮蓋我們自己的無知以及免除我們做更深入探索的理由。對我們來說，給孩童講護守天使，比講復活的基督還來得容易、輕鬆。

　　嚴格說來，神學並不是專為少數菁英而存在的。每當我們感到自己無法給孩童（或沒受過教育的人）傳遞神學時，我們應該質疑自己，且當我們越接近事情的核心時，將會明瞭自己的無能是源於自己的無知。有多少次，我們覺察到自己沒有持續地跟孩童談這最偉大的事實（我們在彌撒中遇到了多少困難！），因為我們無法以孩童需要的本質來宣講這些事實。只有當我們設法深入事物的核心時，我們才能夠逐步將它們傳達給幼童。

　　我們不必擔心跟孩童談論最偉大的主題，但是我們不能用抽象的方法。只要我們不離開核心，孩童就會聆聽我們，聽得入迷、開心而不感到疲倦；但只要我們遠離核心，他們的注意力也會離我們而去。瑪麗亞・蒙特梭利用但丁的話勉勵她的老

師：「願你的話有分量。」願我們字字珠璣，話語雖少，分量卻重。尤其是對最年幼的孩童而言。專注於少數的重點對我們來說是必要的，如此不但回應了孩童所需要的，同時也給了可以陪伴他們成長的東西——可以自行向著廣闊視野展開的動力核心。這些可以成為較大孩童與成人建構未來宗教生活的基礎。

成人有如「無用的僕人」

成人在向孩童宣講基督信仰的核心、與孩童一起聆聽、觀察孩童以確知他們的需要時，應隨時提醒自己是福音書中所說的「無用的僕人」。

在福傳事務上，需要有成人扮演中介者的角色，雖然如此，我們不能過分重視這個角色。引導者宣講的是聖言，不是自己的話語，為了協助孩童的潛能，它絕非是自己的話。成人不得不承認，有許多次孩童的成果遠超過成人的預期。成人多次察覺到，他給孩童的，和孩童展現及活出來的，完全不成比例。有時候，我們的手會觸碰到一股不屬於我們自己的力量。就是因為不是我們自己的力量，才使我們倍感驚奇和深深的喜悅。神與孩童之間，有著造物主及受造物之間的深刻連結。這是一個非人為的連結，是沒有人可以干預的。

引導者的使命是創造特殊的條件，以促進這層關係的建立，然而連結一旦發生了，引導者就要立即引退。我們要很小心，不要用我們喋喋不休的話語，成為神與孩童之間的障礙。成人的中介功能是為神和孩童服務，而這份服務是有限的。不知道何時要停止、何時要保持靜默的引導者，就是不自覺自己的限度，終究是缺乏信德，因為他不相信實際上是神和其創意

的聖言在主導整個宗教事件。

　　成人能給的協助也只限於初步和邊緣的程度，到了上主與祂的受造物說話的起點處時，該中止的即要中止[10]。聖多瑪斯（St. Thomas）說：「教師只給外在的協助，如同醫生的治療。」教師的使命是「帶著急救箱和工具」的人[11]。關於這一點，聖多瑪斯引用哲學家波愛修斯（Boethius）的話：「藉著教學，心智得以受到刺激，進而產生認知；那刺激他人認知的人，沒有能力叫對方認知，就如同那刺激眼睛看見的人，無法叫眼睛看見。」[12]

　　在認識神、與神會晤的過程中，有一個在成人的講解後，由靜默砌成的寶貴片刻，那是一個使聆聽內在化的時刻。在這段時間，孩童在內心重新整理他所聽到的，親密地與內在的「導師」交談。聖奧斯定（St. Augustine）說：

　　然而，全部這些由教師們教的不同科系的學問……當他們用語言解說之後，接著他們那稱學生的，便自行在自己的內心分辨所聽是否真實，意即依據自己的心智能力去看內在的真理。他們因此而學習。[13]

　　與神相遇的熾熱時刻，便是那發生在神與受造物之間的秘密，成人不可以也不應該闖入。

間接支援：根源

　　成人還可以給孩童另一個支援（甚至是在內在聆聽的時刻也可以），但必須遠距離間接協助，免得干擾孩子與真正的導師

交談，因此不容許成人過度干擾。為了達到這個目的，成人最重要的是提供孩童接觸根源的直接管道——聖經和禮儀經文。聖經和禮儀經文不能只在引導者手裡，也要在孩童手中。我這麼說，當然不是指整部聖經和全部禮儀經文，而只是完整的相關章節。

想要用來個人默想，零星的經文是不夠的。舉例來說，如果要給孩童示範「善牧的比喻」，我們必須以孩童能保留的方式，把「完整」的比喻一一提供給他們，以便進行各自的默想。神的聖言有諸多層次的意涵，每個人對聖言有各自獨特的迴響；如果我們限制了給孩童的經文章節，只選擇我們自認最能夠表達比喻教導的段落，那就是在孩童和經文之間做了過分的干預，把「我們」自己對經文的經驗和聆聽的方式強加在孩童身上。同樣一句經文，對於瞭解完整經文、會把經文類似之處綜合成幾句話的人來說，它可以說很多話；但是對於沒有以上經驗的人來說，經文可能會對他們不發一語。

經文完整才是活的。像那種只給孩童這一句或那一句經文，藉此宣稱自己與聖言會晤的熾熱時刻——我們拒絕讓孩童品嘗那樣的經驗。我們向孩童提供自己擁有的產品，但這產品是有限度的，不是讓孩童在面對聖言時無限度的開放。

單單一句經文，孩童無法用它來默想（透過膚淺的學院式過程固然可以學，一再重複地學，但這種方式的本質缺少活力）。一句經文很難深入孩童的心，也不會點燃他們的生命。給孩童進入根源的直接管道就是讓他們獨立，不依賴我們，從而協助孩童建立與天主聖言的個人關係；意思是，引導孩童能夠自己進行默想，與內在的導師對話。

間接支援：教具

針對宣講之後孩童的默想，成人還有一個可以給孩子的間接支援，就是教具。

根據瑪麗亞‧蒙特梭利的觀點，教具不是給老師當成助教的工具，而是用來協助孩童[14]。蒙特梭利方法的教具包括：為了發展感官的感官教具，以及趨向抽象學習的文化教具。善牧教理課程的教具基本上配合蒙特梭利的一般教具：這是一個促進孩童獨立、不依賴成人的方法，如此一來，孩童可以依據引導者所示範的自行反思；這方法可以讓孩童在與成人一起開始的默想中，延長他們與「內在導師」的獨處。

儘管如此，這裡還是有個區別：善牧教具並不是為了導向抽象概念而設計的，而是針對具體的「人」的生動認知；它不是要導向概念思考，而是要進入祈禱；它不僅是學習的助力，也協助孩子的宗教生活。不符合這個要求的教具，就不是好的教具。

顯然，成人必須在場，因為教具是成人準備的，所以成人多少還是要在場。教具也確實表達了成人對聖言的喜愛。然而，孩童使用教具工作，能使成人的在場顯得不那麼鮮明，居於次要地位，而允許聖言居於首位。

教理教具和由抽象符號構成的文法教具不同，它包括一些超越實相的具體化「標記*」。教理教具不是別的，只是把聖經和禮儀中的內容換位，換成有形的、提升教學的模式。例如聖洗聖事（洗禮）的教具就包括禮儀的「標記」，按照實物次序，依序示範給孩童，就只有這些，不必多過那些與禮儀有關的教

具。比喻的教具也是一樣，有關比喻的細節都要有，但也僅止於此。這一點以後會多加說明。

引導者為課程準備教具，不需要發明什麼東西。引導者只需要深度認識他要具象化的元素，以最忠於源頭、最具重點的方式將之具體化。引導者自己發明的教具，或沒有複製聖經和禮儀所要展露之重點元素的教具，就不是好的教具。覺得非自行發明教具不可的引導者必須自問，他是否知道自己試圖要達成的是什麼。好的教具簡單、直接、有重點。引導者的創意不在於無中生有，而是對天主聖言常常深入其寶藏，同時在傳授給孩童時，總是預留空間讓他們自行揮灑。

間接支授：環境

準備環境是另一個成人該給予孩童的間接支授。這是蒙特梭利方法的根本原則，現代心理學也已指出其重要性。瑪麗亞‧蒙特梭利為這個專為孩童宗教生活的場所取名為「善牧小室」（atrium），回顧古時候基督宗教聖殿那個作為教堂前廳的空間，這個名字具有實物和隱喻的意涵。

蒙特梭利的用意，是讓善牧小室成為介於教室與教堂之間的空間。在這個空間裡，孩童得以認識基督徒生活中的偉大事實，此外最重要的是，孩童可以開始在默想和祈禱中經驗這些

＊ 義大利語和英語對「標記」（sign）的用法不一致，不如「象徵」（symbol）那樣清楚。作者經常使用「sign」來表示一個現實的開放及參與性的指標，該指標可以進行多種解釋。在英語的用法上，它是指「象徵」。在此提醒讀者參考上下文，以便精確地瞭解作者的用意。另外，當她談到預言時，會加上「圖像」（images）這個字眼（編注：在本書中，sign 這個字會視上下文之文意，翻成「象徵」或「標記」）。

事實。善牧小室絕不是學院式的教室，它不是為了教授宗教，而是為了宗教「生活」。

善牧小室是工作的地方，然而在那裡的工作是與神對話。從某個層面來說，它已是個敬禮朝拜的地方，孩童可按自己的節奏過著他敬禮朝拜的生活，而這在教堂卻無法實行。它是專為這一群孩童和他們引導者而存在的場所，所以跟教堂是有區別的，教堂是上主的大家庭相聚的地方。

善牧小室或許可與避靜院相比；如同避靜院，它應是一個營造收心和安靜的場所，甚至連外在裝潢都具有這個特質。善牧小室「以彌撒為中心」是相當好的，在這裡，凡與彌撒有關的教具都有特別的分量；受洗池的位置在其所屬的受洗區。福音書有其特殊榮耀的位置，就在比喻和基督生平歷史的教具區旁邊（為了年紀大一點的孩童，善牧小室必須要有完整的聖經）。

這裡也需要一個祈禱區，特別是針對幼童的善牧小室。祈禱區的裝飾要隨著禮儀年的節期更替；孩童自己可以配合禮儀年的節期，為祭桌或牆壁準備彩色的布。一個小跪凳或小椅子，都可以吸引孩童長時間停留在祈禱區。

引導者在善牧小室用相關教具教授個別主題。在示範完教具之後，引導者集合孩子們一起鄭重祈禱，尤其在重要節慶，例如在接近聖誕節、復活節、聖神降臨節的時候。

我們引用一位在羅馬科隆納的引導者尚未出版的日記的一段話，來說明善牧小室氛圍的營造：

我一一說出孩子的名字：「耶穌把這個比喻告訴了吉安佛蘭

克⋯⋯」我緩慢而莊嚴地說，中間帶著長時間的停頓，那安靜的氛圍就越來越濃、越深。我莊嚴、輕聲地說每個句子，我強烈且幾乎真實地感受到，神正透過我的聲音在跟我和孩子們說話。對我來說，這是非常特殊和感動的經驗。

同樣日記的另一段：

我拿了「經師和法利塞人的比喻」的教具，首先我講述內容。現場的安靜是有深度的。你可以感覺到每個孩子專注、渴望的靈魂，同時充滿了平安；這是我與孩子相會、每到宣講上主聖言時常有的感受（它們是巨大且不受約束的自然力量）。這樣的現象常常發生：筆放下，全然放鬆（通常我不會讓孩子們離開他們的座位），每個孩子安祥地轉向我，顯得自在輕鬆。

這種現象自從年初多次發生，每次我都深受感動，同時也很平安。如果耶穌穿過關著的門進來坐在我們當中，我也不會比在全神貫注聆聽幼童的狀況中更為驚奇。事實上就是如此：耶穌光榮的復活，穿過關著的門，再次對我們說話，說著和當時同樣的話。我們今天的人，活在當下，沒有過去，沒有未來，那就是神的時間。祂的臨在是如此巨大、無形、強烈到我突然不再害怕因重複神的話而破壞它。

我的聲音通過祂無形的存在，給每個孩子帶來他們當下需要的光和愛。從我這裡出去的，就是祂的光、祂的愛（不再是我的話）。我試著把這事告訴其他引導者，願他們對此現象能多一點察覺，也更有勇氣說話。

下面是另一位在羅馬聖方濟各區（San Francesco）的引導者未出版的日記的內容：

一群孩子（五至六歲）正在做禮儀年曆，雷奧納多和我拿著善牧的教具，其他孩子放下他們的畫，來到我們這裡。我再一次述說比喻，每個孩子挪動一隻羊。他們很開心地重複經文：「善牧認識他的羊，他的羊認識他的聲音」、「他呼喚牠們……」每個孩子說出自己的名字，同時挪動一隻羊。這工作進行了一個半小時之後，他們向我唸出之後會在教堂唸的禱詞。整個過程是喜悅和「充滿平安」的。

然後，雷奧納多（他擾亂其他人，因為他想要摸每個東西——我開始想，其實當幼童在觸碰時，他們也同時在聆聽，意即他們正在重溫經驗）和我接著去小祭台工作。他泰然自若的喜悅，以及那想要掌握自己動作的渴望令人難以置信。

我正在學習用長的時間，以長長的暫停與極緩慢的動作來做每一件事。我們周遭充滿了祥和，我相信孩子們的內心也是；在我裡面確實是如此。他們不想離開。加比艾拉哭了，我們一起談了好久下一次要做什麼，有了這個希望，她的眼淚漸漸止住了。她的母親很困窘地幫忙解圍。

一群加拿大的孩子自發地決定，他們要用自己的想法為善牧小室取名。他們要在他們的圖畫中附上名字，放在小室的門口。其中有下列幾個名字：

「珍珠」

「喜樂的房間」

「我們的房間好漂亮」

「我想我們的房間是神和愛的房間」

「這個房間是關於天主、耶穌和聖神」

「這個房間像是一粒芥子（芥菜種）」

在學校，有些孩童的家長對宗教有非常不一樣的觀感，如果善牧小室是在學校裡面，它會在校園內產生第一個自然的共振範圍。在一間對彼此的瞭解和合作氣氛尚未建立、特別困難的教室中，一個女孩說，自從幾個孩子開始去善牧小室準備初領聖體（聖餐），「一個更大的愛的氛圍誕生了」。

所以，善牧小室是孩童可能有宗教經驗的場所，而這經驗不會只停留在善牧小室內。很多家長證實了這一點，透過自己的孩子，家長對宗教有了新的視野，不少孩童也被同儕吸引去教理中心。

團體

如果成人想要幫助孩童活在與神的關係中，那他就有許多重大的使命要去完成。以我們的觀點，我們所試圖描述的都是很重要且必須的；雖然我們已說了這麼多，但成人的使命還沒完呢！成人得為孩童準備環境，確切地說，是指某個地方，但也特別是指具有更廣泛含義的環境，意即信仰的團體。

我們已提過，在善牧小室，孩童早已在團體中生活；然而，這是個局限於孩童及他們引導者的團體，隨著孩童的成長，這樣的團體是不夠的。孩童接受上主聖言的種子，需要善牧小室的「秘密花園」（hortus conclusus）以及來自成人團體支持的氧氣。這兩者不能相互取代，而是相互整合、相輔相成，

不可分離或取代。

在缺乏信仰的環境中生活的孩童,會覺得自己是這環境的一部分,也會覺得被關在裡頭,而我們卻冒著在善牧小室栽培溫室花朵的風險——這些花兒無法忍受外部氣候的嚴峻考驗。另一方面,若是缺少一個能讓孩童按照自己的節奏和方式來接觸宗教事實的場所,這又暗藏著一個危險——孩童會無法捕捉、內化他們所經歷的偉大事情,也無法使這些事實融入自身。

要讓孩童進入基督徒的生活,不是引導者一人也不是父母獨自可以完成的事,而是要靠整個宣揚基督信仰的團體,孩童必須與整個基督徒團體聯繫。引導者的工作(是有價值的)則必須有活出引導者所宣講內容的團體來支持和肯定[15]。

第三章

基督善牧（好牧人）

上主是我的牧者。
—— 聖詠（詩篇）23 篇 1 節

接受孩童提出「幫助我，讓我自己親近神」這個無聲請求的成人，必須選擇一個孩童所要求的協助方式。我們面前有三個可能的方式：教理可以是以神為中心、以基督為中心，或是以人為中心。

以基督為中心的教理和比喻

以神為中心的教理始於父，即造物主，然後達到基督；這個方式順應啟示的歷史脈絡。然而我們必須自問，如果一個基督徒孩童沒有先被引導到一段真正的基督徒所該建立的關係——藉著降生成人的基督所建立的神－人關係——我們就應該思考，這著重於歷史層面的第一個方法，其歷史脈絡是否有所缺失。

我們知道，自從聖子降生，人類與神之間便經由聖子的血肉建立了特殊的連結，我們知道基督是唯一的中保，一位獨特的中介者：「我是門。」（若望／約翰福音 10:9）、「除非經過我，誰也不能到父那裡去。」（若望福音 14:6）

對我們而言，以神為中心的方式，似乎對偉大的降生事件沒有給予足夠的重視，然而事實上，在聖子的降生事件之後，人和神之間的關係確實改變了。我們必須考量這樣的改變，我們必須經過基督，他使自己成了中保。我們是經過基督這條「道路」才得以到父那裡去。以我們的觀點來看，這是以神為中心的教理之基本論調，神在創世工程中先揭示了自己，後來才談到基督。

我們之後會澄清，我們所循的方式是從哪個意義上以人為中心，以尋找能滿足孩童內在需求（參閱第十一章）的方法。

這裡我們要闡明，這位基督在孩童的宗教生活中可能有的重要性，以及我們如何將此點呈現給孩童[1]。

　　面對基督這個課題，我們發現自己也面臨了兩種選擇：把宣講著重於走在基督的生命史上，從誕生到復活；或是用比喻引導孩童更直接地進入基督的奧蹟和他與我們的關係。

　　孩童對第二個方法的回應再次顯示，只有最偉大的事實才能與幼童的需求相呼應；他們的回應，讓我們親自經驗到孩童是多麼有能力穿透圖像進入形而上的現實。雖然我們的善牧教理課程緊跟著禮儀年，所以依循時間順序我們會先開始講基督的誕生，但我們給孩童宣講的重點，卻落在善牧（好牧人）的比喻上（若望福音 10:1-16）。對於年紀大一點的孩童，善牧教理課程的重點則是若望（約翰）另一個偉大的比喻──真葡萄樹（若望福音 15:10）。

給孩童們宣講的重點

　　我們跟著教會生活的節奏安排課程的次序，依照禮儀年節期顯示基督生命的面向；也就是追隨禮儀年，如此一來，教理實際成了教會生活的一部分。

　　在善牧小室，我們給幼童們的主題在二至三年期間展開。每一年的主題都加以修改、擴充。下一頁的圓形圖示標明，主題分散在不同的年期，最內圈所標明的主題是第一年要完成的，在外圈的主題則是第二年的課程。進度表是反時鐘方向從下往上移動。善牧小室的學年在將臨期前幾週開始。圓圈上直著寫的主題每年都會重複，但稍有不同。

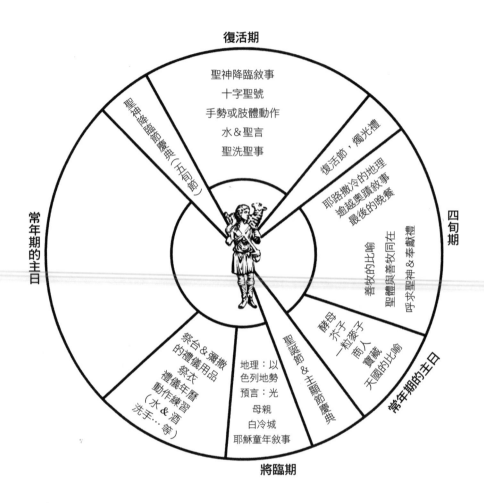

　　下面幾章會按照主題詳細論述，描述我們如何給孩童授課和他們給出的回應，並且提供我們面對孩童回應所做的反省。經過這樣詳盡的檢查，就可看出這些個別的主題是怎樣形成一個單元，而每個主題各自都是完整的，同時為進一步發展做準備。我們可以清楚看出，善牧比喻是這整體工作——聖嬰敘事

和復活敘事、復活夜燭火禮和聖洗聖事（洗禮）—— 與聖體聖事（聖餐禮）相連結的基石。

比喻的講授

我們用一般講授比喻的方式來講授善牧的比喻。這包括了簡單介紹善牧比喻是什麼，這樣做的主要目的，是邀請孩童專注地聆聽聖經經文。我們在介紹時，可挑出文中可能干擾孩童聆聽的困難字句，用其他較容易理解的字或片語取而代之。然後我們就開始隆重地宣讀經文，沒有別的，只容許經文本身來感動孩童。

我們省略〈若望福音〉十章一至三節與七至十節，那是介紹另一個比喻（善牧是羊棧的門）的。對於六歲以下的孩童，我們也省略十二至十三節，因為那些經文談的是傭工和狼，當經文出現較戲劇性的情節時，恐有喧賓奪主的效應，妨礙牧人與羊的關係之本質。

我們知道，在善牧的比喻中，最觸動孩童的是善牧呼喊羊的名字。接在閱讀經文之後的默想，我們會試圖協助孩童去捕捉「善牧自己認識他的羊」這句話之豐富意涵。我們必須小心，不要因為我們的多言而損及經文對孩童的影響力，或是扼殺孩童對經文自發性的回應表述。跟孩童一起默想，我們只專注於一些重點。

我們所縈繞的重點就是那些吸引孩童的地方，最重要的是善牧所有的愛和呵護的臨在：他呼喊每一隻屬於他的羊的名字（圖6），即使有那麼多羊，他還是親切地認識每一隻羊。他呼喊他的羊，漸漸地羊也認得了牠們善牧的聲音，所以牠們聆

聽他、跟隨他。珍貴的關係因此建立，一條愛的繩索把羊和善牧親密地綁在一起。

善牧的聲音具有大的能力和超級的耐心；他從不厭倦於呼喊，無論羊兒距離羊棧多麼遙遠，善牧窮追不捨。慢慢地，羊群也轉向，聽他的聲音，聚集著進到一個大羊棧。善牧知道他的羊的需要，他引導牠們走上翠綠的草場，為了領路他走在前方，面對危險他首當其衝。所以跟善牧在一起，羊群安全而平安；牠們知道困難來到時，有人會保護牠們。

還有其他講述善牧之愛的比喻，就是「尋羊」的比喻（路加福音 15:4-6）。六歲以下的幼童無法捕捉這個比喻的道德教導，因為他尚未覺知到罪和悔改的問題。引導者要小心不要從這個角度來給孩童教授這個比喻；這樣的授課注定會失敗，也會阻擋孩童享受於自己喜愛的內容中——善牧的愛無法忍受任何一隻羊落單、得不到呵護，所以他到處尋找、呼喚，直到他的聲音被羊聽到，使善牧和羊再度相聚。不僅如此，現在善牧還把找到的羊放在肩膀上，善牧去哪裡，羊也去那裡，有誰能傷害一隻在善牧懷裡的羊呢？

另外，觸動孩童的，是找到羊、回到羊棧之後所發生的事。善牧並不在意他的任務完成了，反而是因為找到羊而非常高興，到處跟朋友、鄰居分享他的喜悅。幼童充滿自信地知道〈聖詠〉一四九篇四節所宣講的：「上主喜愛自己的百姓。」

比喻的團體默想

當我們鄭重地讀完經文之後，邀請孩童們進行團體默想，默想經文的重點元素。有一點是孩童無法立即理解的，即「我

們就是羊群」。我們要謹慎地不要對這一點加以解釋，否則會剝奪孩童發現的喜悅。如果他們沒有立即理解，以後他們會的；重點在於那是他們自己發現的[2]。我們不要趕時間，我們知道聖神（聖靈）的時間是緩慢的。

讀經之後的默想，對引導者和孩童來說都是一個機會，能懷著愛和漸增的敬嘆再次省思，繼續回味經文無窮盡的富藏。為了達到這個目標，引導者要用心謹慎地提供一些默想的題目。重要的是，要知道這些問題不能是學術性的；問題的重點不在於正確的答案，它們的功能在於協助我們開啟我們的心智，使我們在生命歷程中能逐漸發現和享受比喻的豐富內涵。

以下是具有默想性質的問題範例：「善牧的羊群很幸運，不是嗎？牠們是多麼地被關愛！你想，耶穌指的是我們在草場上看到的羊群嗎？」有時候孩童會回答：「是啊。」此時，不要屈服於想要解釋的誘惑，最好繼續討論：「你這樣想嗎？我不知道。牠們是很重要的羊群。善牧為他們犧牲……」等等，諸如此類。

多年下來，我們一再地見證孩童迅速地認同羊群；換句話說，孩童歡喜地接受比喻的信息，如同他們自己就是羊。下面這個案例雖只是潛意識的認同，卻直接顯現出這一點：在講完善牧的比喻之後，引導者提出默想題目：「為什麼善牧把羊群帶出羊棧？」、「羊群需要去尋找什麼？」當孩童回答說羊群需要草和水時，三歲的麥克斯補了一句：「蘋果汁！」（顯然這是他喜愛的飲料）

等到再晚一點，通常是孩童大約五歲時，便能完全意識到「我們就是耶穌所指的羊」，有孩童會忽然喊叫：「我知道誰是

羊！我們！」隨著這種自覺而來的便是喜悅，但是這喜悅並不會取代孩童首次接觸這個比喻時，心靈更深層的認知。

如果孩童與比喻的契合深入到某種程度，默想常會演變為自發性的祈禱。身為引導者，我們記得真正的祈禱始於單純的專注和喜愛我們接受到的禮物。起初幼童可能只是靜靜地享受，但時候到了，便會自然地進化為說出來的口禱或唱禱，尤其是感恩和讚美的詩歌。

個人默想

要幫助孩童進行個人默想，給孩童示範教具還是需要的。教具由一些木材製成的立體及平面模型組成。建議模型要有面部的特徵，稍加強調即可，以便區分那些對應教理歷史部分的教具（這一點後來會多加說明）。

比喻是將超感覺的現實「具體化」成一幅圖像，我們則是將之「具體化」成小小的木製模型。首先，我們展示這些教具模型（例如：善牧、羊群、羊棧），然後重複唸出善牧的經文，配合經文移動模型。如此一來，孩童便能學習如何使用教具，這些教具孩童可隨時使用。

一整年中，孩童會專注、快樂而不知饜足地使用這些教具。如果孩童已會閱讀，通常他們會成雙成對地一起進行，一個孩童唸經文*，另一個移動模型。配合經文移動模型，可以促

＊ 作者採用跨年級的教室。除了三到六歲的幼童外，還有一些年齡較大的孩童可以在幼童不識字時幫助他們。孩童們不會因為不識字而感到羞愧。此外，義大利語是一種音形相當一致的語言。兒童通常很早便學習閱讀，就像說英語的兒童在簡易的讀本中學習閱讀一樣，讀本中會人為地刪除我們語言中很普遍的音標。

使孩童專注，不用多久孩童就會背下整段經文了。如果孩童年紀很小，還不識字。引導者可以替他們唸，或是他們自己唸，同時移動模型。

　　之前我們說過，這是第二個、也是最珍貴的覺知時刻，就是在成人不參與的情況下，孩童重新思考自己所得到的資訊，並且進入其中的內涵，那是孩童與內在導師交談的時刻。參看書中的圖5：一個五歲的孩童帶著他畫好的圖畫到引導者那裡，引導者問他：「為什麼有兩個小孩在羊群中？」（注意每隻羊上面的愛心，那是愛的標記）孩童回答：「因為我在畫的時候，我知道我們是羊。」當引導者對他說羊的意義時，孩童並沒意會到，是他後來自己默想時才領會到的。

　　當孩童對自己一再重複比喻裡的細節時，孩童就在吸收。例如，一個四歲半的孩童把羊群一隻一隻地帶出羊棧，一一放置在善牧的後面；每次他移動一隻羊的時候，他就把善牧隨時轉身面向羊。引導者靜靜地觀察孩童。當孩童完成後，引導者問他為什麼這樣做，他回答說：「善牧呼喚每一隻羊的名字。」這對孩童是一個很重要的元素，引導者問一個孩童，耶穌復活拉匝祿（拉撒路）的奇蹟中最重要的元素是什麼，孩童回答：「耶穌呼喚他的名字。」

　　另外一個四歲孩童悄悄地問自己：「為什麼羊群走在善牧的後面？」他小聲地回答自己：「因為他是神。」有個五歲的女孩聽了善牧的比喻（善牧走在羊群的前面，羊群跟隨他，因為牠們認得他的聲音）之後，她一手拿著善牧的立體模型，一手拿著羊，讓他們繞著羊棧緊緊走在一起。然後她把第一隻羊放回羊棧，並且重複做同樣的動作。有隻羊掉在地上，女孩拿著善

牧一起把羊從地上撿起來。

很多時候，孩童對比喻的詮釋是非常個別化的。「一個牧人一個羊棧。」四歲的馬可甚至把狼和傭工*都放進羊群裡，他的同伴們反對並試圖把入侵者移走，可是馬可解釋說：「跟善牧在一起都會變好，你們不知道嗎？」一個兩歲半的小女生把傭工（那時她還沒拿到狼）放在善牧的後面，說：「他和善牧在一起，他也是好的；善牧就像我媽媽。」

這就是孩童透過內在交談，把給他的教材依照自己的實際生活狀況予以個人化的時刻。在孩童中間有個五歲的男孩，來自羅馬郊區，那裡鐵道就沿著市郊，對孩童來說很危險，這也成了母親們常常警告孩童的事。這個孩童這樣使用善牧的教具：他跟隨一隻從羊群中走失的羊，用羅馬方言對那隻羊說：「你要往哪裡去？你瘋了嗎，你不知道火車在那裡嗎？」然後善牧來了，把羊帶到安全地帶。

漸漸地隨著孩童成長，他們越來越少使用教具，而是持續地回到經文中，常會自發性地抄寫或畫出來；九到十歲的孩童有時會把比喻做成舞台劇演出。

孩童的回應

孩童無數的繪畫和討論，展示了他們是如何進入比喻的訊息中、如何與訊息起共鳴；來自其中最顯著的效果，便是寧靜平安，這是為什麼他們喊說「與善牧在一起，一切都好」，這也是為什麼他們祈禱說「你是善的，因為你引導我們向善」。

---

* 近年來，我們把「狼與傭工」移至幼童六歲之後，在第二級的工作中才介紹給他們。

比喻給孩童安全感，讓他們覺得自己得到呵護。「現在我什麼都不害怕。在黑暗中，我自己進房間。我不害怕，因為善牧常與我同在。」（五歲孩童說的）一個五歲半的男孩重新演繹了善牧的比喻：「我是善牧，我最強壯。」另一個孩童對善牧說：「你很有力量，很強壯。」而善牧的力量也是我們的力量。「耶穌靠他自己的力量上天堂，而羊群靠耶穌的力量去天堂。」（六歲孩童說的）

妮可拉是大一點的孩子，七歲，她從一位住在她家幾天的客人那裡學了善牧的比喻。後來妮可拉到另一個城市探訪姑姑，她雖然已躺在床上，仍不停地喊她姑姑，姑姑也一再給孩子回應確認她在。然後孩童的聲調改變，喃喃自語道：「有個大圍籬圍著整個世界，」靜默，然後是：「善牧在牧放他的羊群，」更長時間的靜默，最終是：「我們是羊群。」妮可拉在宇宙中看著善牧的羊群，感覺自己是其中之一而安詳地入睡。

圖9是一個住在機構、幾乎被父母遺棄的女孩所畫的。她聽了善牧的比喻後，在紙張的中間畫了顆「快樂的心」！雖然缺少父母的愛，善牧的愛對她來說是一種滿足的經驗。很多引導者注意到，那些最缺少人們關愛的孩童，在與善牧會晤時，他們是最快樂的一群。所以我們可以說，經驗到善牧的愛未必都能轉換為對人之愛的經驗，它是獨立的，使孩童與神之間有個直接的連結。這樣的經驗或許是根植於人性的神聖空間，在那裡「與神獨處」。[3]

有疾病或是肢障的孩童，對於我們所談的比喻特別敏感[4]。瑪麗亞兩歲十個月，住在羅馬的耶穌聖嬰醫院（Bambino Gesu Hospital）癌症病房。她來自義大利北方，所以她父母住

的地方離她很遠。我們很難描述她蒼白臉上的悲傷，也無法與她建立關係，其他孩童描述她「總是自己一個人，有時候她哭了又哭，但什麼都不說」。

有一位引導者到醫院試著給女孩講善牧的愛，但是他試圖與女孩建立關係的努力似乎白費了。當引導者為她床舖附近的一小群孩童展示比喻的教具時，瑪麗亞的神情看起來彷彿身在遠方，不然就是睡著了。

然而，當引導者唸善牧比喻的時候，瑪麗亞的氣息逐漸變得平穩；當引導者慢慢從床邊椅子上起身時，瑪麗亞突然站起來，撲進引導者的懷中親吻她。她放下了玩具娃娃，在自己床上騰出空間並示意，她在等候引導者再次展示善牧教具。她拿起那本講述比喻的書，突然開始說一些名稱，遺憾的是，引導者是外國人，沒聽懂她在說什麼。

雖然如此，兩者之間的交流還是產生了。瑪麗亞要引導者抱著她到處走動，一直走到晚餐送來。後來引導者要離開了，她也不要別人抱她，直到引導者答應隔天還會再來，她才讓引導者走。值夜班的護士說，她聽見瑪麗亞低聲說道：「祂知道我的名字。」

雅風索十二歲，是個身材瘦小、重度肢障的墨西哥孩童。他在家裡得到的醫療照顧很多，愛卻很少。一次偶然，他到姑姑家拜訪時，發現一個尚未打開的善牧教具的盒子。到底是什麼東西催使雅風索把手放在那盒子上說「可以嗎？」呢，但正是因為這間接的請求，雅風索的姑姑簡單地給他講了比喻，接著將教具展示給他看。

雅風索的肢體活動有極大的困難，他捉住羊，一隻一隻地

拿出，撫摸著說：「不要害怕，你什麼都不缺。」對他來說，說出這簡短的話是多麼困難，因為他有語言障礙；他想要集中注意力也很難，通常只限於片刻，可是這次卻延續了兩個小時，中間只中斷過一次——護士來叫他做復健，此時雅風索令人難以相信地猛力反抗，因此他得以繼續而不受干擾。之後他帶著寧靜的心情回家，這個狀況完全是不尋常的，因為在通常的情況下，每件事對他都是困難的。後來他母親說，他一直說著奇怪的話：「不要害怕，你什麼都不缺。」

兩天後，男孩再度回到姑姑家，他又發現那個放比喻教具的盒子，把手放在盒子上面說：「可以嗎？」這次姑姑告訴他「迷失的羊」的比喻：羊迷失了，用愛去尋找，然後找到。約五分鐘之後，雅風索讓姑姑知道她的解說已經足夠了。他開始操作教具，愛撫著每一隻羊，一次又一次，這次他說：「我不害怕，我什麼都不缺。」然後，他用他那難以發聲的喉嚨——起初因為過於痛苦和困難，讓他的嗓音聽起來像是哭叫，之後聲音才漸趨平穩——大聲叫道：「祂只為我一個人！祂只為我一個人！祂只為我一個人！」

雅風索終於找到只為他一個人的愛，而這經驗改變了他的生命。在此之後，他沒把比喻教具還給姑姑，把它和其他寶物放在一個小櫃子裡，偶爾拿出來，尤其是快樂的節日，他把它帶在身邊。從那天之後，家人不時會聽到他在唱歌，他也有辦法用語言以外的方式把這個秘密告訴他的弟弟。

這個真實案例似乎在確認我們之前說過的，經驗神的愛與經驗人的愛是各自獨立的，也就是說，想要經驗神的愛，並不需要仰賴人的愛。雅風索是個在家庭中沒怎麼得到關愛的小

孩，跟姑姑也沒有什麼特別的關係，好幾年沒有相見，直到他認識善牧那天，從那時起他們之間有了特殊的連結。

我們或許要強調，引導者作為媒介是必要的，這一點是真實的。然而我們談論的媒介，指的是一種服務，讓孩童進入能使他得到寧靜的根源的服務。我們試問自己，一週可能只見孩童一次或兩次，如此簡短的時間，一位引導者在孩童生命中能有多重的分量。對我們而言，引導者或老師，甚至最優秀的引導者或老師的存在，都不可能給孩童的生命足夠的愛，而一般認為這樣的愛是宗教經驗必備的基礎。經驗善牧的愛本身就是真實的，即使沒有人的情感作為基礎。

對比喻的情感共鳴

在正常的情感狀態下，擁有人之愛的經驗，能為經驗善牧之愛提供一個對照的基礎，也是之後經驗善牧之愛的利基。「連我的兄弟也不知道全部的我，但善牧因為我的名字就認識了我。」（七歲的孩童）

被比喻喚起的各種情感關係中，與母親相關的關係特別堅實。在無數孩童的圖畫中，房子都在羊群旁邊；依心理學的教導，「房子」是孩童用來意指母親的圖像（圖7、圖16）。這種以母親為主的元素常出現在他們的祈禱和「小小思維」中：「當我在家時，我想著你。當我在街上時，我想著你。當媽媽牽著我的手時，我想那是善牧，我好開心。」（來自五歲的孩子）兩個孩童交談時，一個三歲半的孩童說：「善牧就像我媽媽；他幫助我，牽著我過馬路，拿走危險。」另一個孩童說：「甚至，狼來了媽媽會保護我。」

從這個觀點來看，來自美國新肯市（New Kensington）、兩歲兩個月大的克里斯多夫所畫的圖畫值得重視：他在一個紅色橢圓形內畫了善牧，又照著孩童的解釋，另外畫了一個較小的黃色橢圓形代表羊。這樣的畫是否也具備了母親子宮的意涵？

表達喜悅的黃色，常是孩童圖畫中的主要顏色，經常出現的還有半圓形，那是保護、安全感、信任的標記（圖 10、圖 11）[5]。一個四歲半的孩童解釋他為什麼在羊的口中畫了花：「他很高興，耶穌帶他去美麗的地方。」

雖然孩童普遍使用與母親相關的元素，但也不排除有例外的情況。從不同群族的孩童所做的調查，詢問他們在親近的人當中，誰和善牧最相似？大部分孩童認為是母親，小部分說「母親和父親」（大多數人是依這個次序說的），極少數的孩童說是父親，其他的答案還有：朋友、姐姐、哥哥、所有親近他們的人。一個小男孩回答：「我妹妹。」

所以，善牧對孩童而言，完全跟愛有關，而對我們來說，這個事實似乎是另一個「比喻」之豐富內涵的證明，也是讓「比喻」成為教理課程支柱的另一個理由。

對善牧的情感共鳴，值得我們做更廣泛和細緻的探索。我們猜測，是否因為善牧的形象在孩童心中並沒有固定的具體形象，才使它的意涵能夠如此豐富。任何特定的關係都會導致限制，如果我們說神是父親，那麼就會局限於父親的形象，而這形象未必符合孩童的需要[6]。如果父親不是理想的形象，那我們不難想像孩童曾經歷過的傷害，從宗教意義上來說，這孩童的父親反而是理想典型的相反。所幸，善牧的情感形象是開放的，涵蓋範圍廣泛，孩童總可以找到愛他們的人，進而看見善

牧的反映。

　　無論如何，「比喻」深植於孩童的內心，也自然地顯現在外。它常出現在孩童的討論、反省和祈禱中。孩童並不會以學術方式來認識比喻，但他們的方式卻是生動的；這不是強加給孩童的外來知識，而是透過比喻，讓孩童想要靜默的要求——被愛和愛的要求——獲得了回應和滿足。由於「情感整合」（心理學稱為「情感認可」）是完整的，所以孩童不會忘掉比喻，牧人的形象如今已是孩童人格的一部分。

　　在教理課程中，「情感整合」的元素常被忽略，如同維安內洛（Vianello）研究結果所顯示的[7]，也就是因為這方面的缺失，而造成維安內洛所謂的「世界－神之裂痕」。依據心理學家皮亞傑（Jane Piaget）的觀察，這常使四到七歲孩童的宗教教育顯得像是「外星異物」[8]。為了有利於理性元素，感性部分多少被忽視了，結果形成枯燥、毫無生氣的冷硬知識，無法進入孩童的生命。

隨著年齡的發展

　　我們再一次觀察到，善牧的比喻並不限於滿足孩童當前的需要。甚至對年幼的孩童來說，比喻讓他們的視野閃耀、廣闊地展開；舉例來說，未來各年齡都需要學習的社群層面，孩童提早在年幼時期就接觸到了。有個孩童對自己的圖畫如此評論道：「我愛耶穌，也愛他的羊。」當我們問馬可，如果迷失的羊不願意回羊棧，要怎麼解決困難？他說：「那麼，善牧就集合所有的羊，大家一起說服迷失的羊回來。羊棧就是教會（只是沒有草地）。」

　　我們不需要關注母性關係的普遍性，以及善牧比喻引發的是哪個方面的情感與喜愛。如同前面說過的，我們認為孩童的兒童期早期主要是安祥地喜愛神、感受這份愉悅。話雖如此，我們並不否認喜愛的元素會與其他元素整合而出現在宗教事實中 [9]。此外，這個比喻開始於孩童的童年，可是它在我們生命中並沒有終點。與善牧的關係一旦建立了就不會中斷；這個比喻伴隨著孩童慢慢成長，逐漸在各方面啟發較年長的孩童、青少年和成人，並且滿足他們的需求。

　　我們只提示一個事實，六歲以後的孩童開始領會「尋羊」的比喻啟示著善牧的保護之愛，也是寬恕之愛。善牧的愛是信實的、無止境的，即便面對錯誤的行為。在進入青少年時期之前，較年長的孩童有英雄理想的傾向，他們看到的是「走在他的羊前面」的善牧，是位領路者，他並不是沒有困難，而他的目標在於復活主的「豐富生命」。

　　整個發展過程是從保護之愛到寬恕之愛，到最終是效法基督（*Imitatio Christi*）。比喻以某種特殊的方式對應了瑪麗亞·蒙特梭利所說的成長發展三階段：童年早期——受保護之敏感期；童年晚期——道德敏感期；青少年期——英雄主義敏感期。

　　善牧在幼年兒童心中所引發宗教的母親形象，會隨孩童的成長而發展整合。然而這樣的發展乃奠基於基本需求的滿足，這就是心理學家艾瑞克森（E. Erikson）所稱的「愛與歸屬的需求」[10]，也就是真誠、深度地被愛。只有當這個需求被滿足了，根本的信任才得以建立，使我們能與世界建立和諧關係。一個奠基於善牧形象的開始，是與神的關係能立於「根本信任」的

基礎，換成宗教語言來說，我們談的是「信賴的信德」，除此之外，又還有什麼可以是宗教生活的基礎呢？

信理的內容

善牧比喻的重要性，成了兒童教理課程的基調和所有主要課題的連結點，這是很棒的。孩童知道如何連接到其他主題，並且逐漸有了自然而綜合性的認知，而這種認知常帶有豐富的神學內涵。

孩童常常會把善牧的比喻和死亡與復活相連結，也連接光的圖像。參閱圖13，圖畫中呈現了十字架，旁邊寫的字卻是「善牧」和「耶穌你復活了」。從善牧身上放射出的光，即是復活的光芒；常有善牧旁邊畫著復活蠟的插圖（圖14）。圍繞著羊群的蠟燭，或是在每隻羊旁邊點蠟（圖15），這些表述了孩童自己身臨復活奧跡的場景。受洗則是光的傳授（參閱第五章）。羊群被安置在聖體桌附近（圖16），羊群在一旁，祭台在中間位置；圖17則是把領導羊群的牧童放在耶穌旁邊，因為聖神的德能，耶穌臨在於感恩禮中，他餵養他的朋友（參閱第四章）。

因此，比喻不但滿足了孩童在兒童期的心理需求，也把孩童帶進基督奧秘豐富內涵的核心。在比喻中，感性和理性的元素恰當地相輔相成。從信理觀點來看，比喻是以「基督作為人以及基督與我們關係的奧秘」為中心的基礎文本[11]，這層關係既是個人性的（牧者認識每隻羊的名字）也是團體性的（羊群），乃是神之愛達到生命終極之犧牲的比喻，如此而言，它是復活的比喻。基督宗教的傳統在復活節期總會對這個比喻給予特殊

的重視。

　　孩童在善牧的比喻中找到了平安和喜悅，因為它給了他們所需要的強身劑和食物。我們堅信它是給最小幼童所需要的最偉大事實，也只有在這最偉大的事實中，「形而上的」孩童的本質才能獲得滿足。然而，只有當我們知道如何協助孩童專注於事實的核心時，他們才會這樣做，隨著年齡的增長，他們才會進入更深的現實而能免於幻滅。

　　比喻會逐漸為孩童展露其豐富的內涵，孩童也會把孩子般的認知整合成更寬廣、更完整的認知，而不需要去否定先前所接受或領悟的。

第四章

基督善牧和感恩禮

你在我面前擺設了宴席。
——聖詠（詩篇）23 篇 5 節

　　基督以不同方式臨在人類的世界中，但祂在感恩禮中的臨在，卻有其獨一無二的特質[1]。有鑑於此，在教理課中，感恩禮也應具有特別的分量。然而，我們今天特別堅持的是生活、聖經、禮儀三者的合一[2]，沒有所謂「我們閱讀的聖經」、「我們生活的禮儀」，只有我們用一生的生命去活出來的聖經，而禮儀上更是如此。缺了前者，後者生活中那些熱切、強烈的時刻就被剝奪了；缺了後者，前者則會失去基礎、變得空洞。聆聽那些生活在正義中、在感恩禮的歡慶中建構成長的基督信仰團體，聖經才得以滿全。

　　所以，想要認識善牧（好牧人）的孩童，必須先被帶進一項偉大的活動——彌撒——來與他們的善牧相會。義大利主教關於教理課程的文件如此說道：「教理課程常推舉耶穌為每則訊息的生活中心，並且在最神聖的感恩禮中顯明耶穌的臨在與行動。」（72 號、46 號）

　　關於感恩禮，孩童的本質是我們無價的引導。二十年來，我們沿著崎嶇的道路探索，為了找到孩子們接近彌撒最好的途徑，卻毫無功效可言。最後，我們終於發現了似乎是正確的途徑，我們領悟到，最簡單和最重要的就是：彌撒是我們以最特殊的方式與善牧相會的時間和地點；他呼喚他的羊群到他的祭台，他親自以特殊的方式餵養他們。多麼簡單，我們卻花了二十年才找到！

　　孩童的本質引導我們，把我們的精力專注於彌撒的聖祭禮儀——也就是聖道禮儀（宣讀聖經）之後的部分。某方面來說，所有教理課程的內容都是聖道禮儀，因為比喻和耶穌生平都是我們向孩童宣講的天主聖言；我們在中間停頓，安靜地默

思聖言，然後用祈禱回應。然而，只有在聖祭禮儀的部分，才有耶穌特殊的臨在，所以很自然地，當我們慶祝彌撒聖祭時，孩童們最融入感恩經的祈禱。

在努力的初期，我們建議那些要初領聖體的孩童*寫自己的彌撒經文。為了使孩童能順利完成，我們放置了瑪麗亞‧蒙特梭利準備的彌撒手冊《開啟的書》（*The Open Book*）。孩童開始改寫他們自己的經文，從聖道禮儀開始，直到領聖體，但沒有一個孩童全部完成。

發現到這一點，我們就只給孩童們感恩經的部分（同時也只用感恩經第一式），始於祝聖聖體，結束於領聖體後經。自從我們開始只提供最重要的部分，我們很驚訝地看著孩童們不但抄寫了全部的彌撒經文（包括聖道禮儀），還發現他們常常自發性地寫自己的經文，甚至寫了三次。我們再次領會到，之前的失敗並不是出於孩童的無能或是事情本身的困難，而是我們尚未發現通往核心的途徑。

聖經與禮儀的連結

要讓幼童接觸、進入彌撒，有兩個發展階段：首先是宣講，其次是閱讀禮儀的標記。

宣講「善牧臨在我們的生命中」，孩童們是透過比喻來領受這個訊息，這階段表達了在怎樣的時間和地點，善牧以獨特的方式接近他的羊群，並以他特別的愛餵養他們。牧人總是為他的羊捨棄生命，但是有一點很重要，我們千萬不要認為這個

---

* 作者採用跨年級的教室，除了三到六歲的幼童外，還有年紀較大的孩童在場。

「捨棄生命」只局限於死亡的時刻。基督的整個生命是給天父和
人類的獻禮；他的死亡代表了為全人類永續的自我奉獻，我們
每一個人透過感恩禮都領受了基督的自我奉獻。或許，孩童更
有感覺的是隨時可以親近、並且經常與自己親近的基督，而不
是認知到基督的奉獻自我，甚至到死。

　　善牧比喻與感恩禮的連結，經由教具的使用，再次強調其
感官經驗的層面：在羊群旁邊，我們放了一個蓋著綠色布的圓
形底座，布的質感像是地毯，因為綠色看起來就像是草場；在
另一個綠色圓形底座上面，我們放了善牧的模型。然後我們跟
孩童們說：

　　「善牧呼喚每一隻羊的名字，召喚羊群親近他，羊一隻接一
隻地圍繞著祭台集合起來。現在他們可以再次親近他。有另外
一個羊棧，我們稱之為『教會』，當舉行彌撒時，我們會進入這
個羊棧。在這裡，善牧的臨在有著完全而特別的性質——善牧
真的為我而在，把他自己完全給了我。善牧的臨在不是因為那
個小小的木製模型，那只不過是協助我們想起他。在彌撒中，
善牧臨在於餅和酒的標記中（這時我們把聖爵、聖盤的模型放
在祭台上），我們甚至可以把小模型拿走（把祭台上的善牧移
走），這對善牧鮮活的臨在並沒有影響。」

　　此時，一陣迷人的靜默——無言的祈禱——伴隨著孩子們
靜觀圍繞在祭台邊的羊群，靜觀逐漸變成了明確的感恩祈禱。

　　這是我們第一階段的示範方式，目的在於讓孩子們目睹
圍繞著祭台的羊群，因而建立聖經層面（善牧比喻）和禮儀層
面（彌撒）之間可見的連結。在這個時間點，我們無意討論如
何落實聖體的臨在，而是要再次強調我們的宣講內容：停留在

我們之內的善牧，以及在感恩禮中我們與善牧同在的特殊方式。關於感恩禮的臨在，以後我們還會多加說明，並將之與最後晚餐整合在一起（參閱第六章）。

　　我們需要延長第一階段的宣講過程，直到孩子們把祭台周圍羊群的圖像內在化。然後接著第二階段：這個階段的羊，使用的是小型的木製人偶，所以在這時，孩童們已發現羊指的是人。我們跟孩童們說：「在這些人當中，有一個人有著特別的使命，被稱為司鐸（牧師）。他的使命是重複耶穌所說的話，來表達耶穌每時每刻想要與人同在的意願。」

　　這個時候，教具描繪了孩童在彌撒中所看見的景像──「真的羊群」（教會）和「假的羊群」（一個男孩說的）在孩童的腦海中合而為一了。這合一是如此完整，五歲的史黛芬妮以美妙的直覺把祭台描繪為草原（圖22）；六歲的莫瑞吉畫羊群和人一起圍繞著祭台，來表達同樣的概念（圖19）；同樣六歲的多利亞諾把牧人、羊群和祭台放在一個圓圈內，那就是羊棧（圖20）。祭台被畫成圓形（圖18、21）真是令人印象深刻！

　　雖然模型也好實物也好，祭台通常是長方形的。諾貝達（五歲）把祭台畫成耶穌身體的一部分，身體上還畫了很多信徒的臉（圖24），雖然她從來沒聽說過保祿（保羅）所說的基督奧體和其成員。

　　以我們的觀點而言，協助孩童們整合比喻和禮儀是很重要的。前面已經說過這兩者為何重要的客觀理由，因為只有如此，感恩禮才會富有比喻的完整概念和情感共鳴的潛能。比喻在孩童心中產生越大的共鳴，感恩禮在孩童心中所產生的共鳴也越豐富、越深邃。

感恩禮即是「禮物的聖事」

對我們而言，第一個示範似乎是要把彌撒的重要面向顯現出來。話雖如此，孩童們總是知道如何往深處走、入其深境，或至少進入諸多層面之一。彌撒是內涵豐富的事實，而成人的重要功課是找到配合孩童能力的面向，滿足孩童的需求。

對於邁向「效法基督」理想的青少年來說，他們需求的層面可能是藉著自我奉獻參與彌撒。但是最能與幼童起共鳴的層面是什麼呢？並不容易探索。我們的失敗促使我們承認，幾年以來，我們認為「彌撒對孩童來說是太過浩大的事實，要給孩童們慎重介紹彌撒，得等到比較成熟的年齡」這一點是錯誤的。我們得重申，失敗來自於我們沒有找到合適的途徑。

為了配合孩童的能力，我們展示給幼童的彌撒層面是「禮物的聖事」。這是彌撒最具體的呈現，呈現了父藉著祂的子降生成人、死亡、復活而賜予我們的禮物。彌撒是天上與地上之間相互交換的神奇禮物；或是更好地說，它是聖父給人類諸多禮物的最高峰，也是人類盡其可能回應聖父恩典的方式。

我們用兩個手勢和動作，來示範彌撒這個「禮物的聖事」。示範的。第一步，孩童們要先聆聽、重新想起「臨在於他們生活中的善牧」的宣講；第二步，孩童們要讀象徵符號的語言。這不是停下來討論手勢語言的效能和立即性的時候[3]。對孩童來說，手勢和動作是特別好懂的視覺語言，因為口頭語言對他們來說還有些困難。我們都知道，孩童們對於有動作的事物是多麼感興趣。此外，把我們要呈現的事物與肢體動作連結，孩童們就會在彌撒中看到，這給我們提供了進入禮儀慶典的直接入

門途徑。孩童們會發現這些手勢動作與其表達的內涵，促使他們有覺知地參與慶典。

兩個動作的第一個，是覆手（*Cheirotonia*）伴隨著向天父的祈禱：「上主我們懇求祢，派遣聖神（聖靈），聖化這些禮品，使成為我主耶穌的聖體聖血。」第二個動作是結束感恩經的祈禱，司祭一手持聖爵，一手持聖盤，一同舉起並祈禱：「全能的天主聖父……藉著基督，偕同基督，在基督內。」這兩個相輔相成的動作，明確地表達了禮物來自神的主動，而回應則是由地上向天上。

這兩個動作總結了對彌撒普遍而本質上的呈現，也是帶領孩童們進入聖經神學的根本——盟約的神學——最有效而直接的途徑。這樣的呈現以後還需要發展並與其他主題整合，然而其內容本身已成為後續詮釋彌撒的基礎。幼童會很開心地靜觀天父給的禮物；較年長的孩童處於道德敏感期，重點會放在從地上舉向天上的手，以及奉獻的承諾並不是空洞的手勢；青少年則開始向自己與神的關係開放，意即愛的交流。

整個示範分兩個階段。首先是覆手。在東正教傳統中，現代神學強調聖神對祝聖聖體的轉化行動，所以伏求聖神降臨的祈禱和伴隨的手勢——覆手——是重要的 [4]。我們可以說，這些手勢或動作是「有形可見的祈禱」，它有形地表達了文字要說的內容：

上主，我們感謝祢，藉著聖神，聖化我們獻給祢這些禮品，使成為祢的聖子、我們的主耶穌基督的聖體和聖血。

——感恩經第三式 [5]

我們必須協助孩童透過手勢和動作來探索這階段的意義，並讓手勢動作盡量說話。我們說過，手勢和動作是非常有效的語言，我們得小心不要讓多言使手勢動作失效。孩童的注意力應該放在手勢和動作上，而非我們說的話。

為了做第一階段的示範，我們要準備一張蓋著桌布的桌子，和聖爵、聖盤的模型。引導者喚起孩童們已在彌撒中看見神父所做的手勢，然後引導者在靜默中站起來，隆重地在兩個模型上方做覆手的手勢。之後引導者坐下，跟孩童們一起默想剛剛做給他們看的手勢的意義。「這個手勢叫我們想起什麼？也許它使我們想起某個人要送我們某樣東西，或一個從哪兒來的禮物？從上面？從誰而來？天父給我們很多禮物，但是在彌撒這個時刻，我們要求什麼特別的禮物？」

我們已經描述過，一個四歲女孩是如何立刻進入這個行動的核心，並解釋了神父「伏求聖神降臨在餅、酒上」。在進入第二階段之前，我們應該給孩童們空間來內化第一階段的示範，多給一些時間讓他們做手勢和動作、唸自己的伴隨禱文，隨意要做幾次就做幾次。

之後，我們才開始進入第二階段。如同前面一樣，我們準備桌子和模型，和孩童回憶覆手的手勢，然後我們做隆重的奉獻的手勢。再一次，我們和孩童們一起省思其意義：

「此時手掌向上，這和伏求的手勢正相反。這有什麼意義？手掌向上，讓我們看見天父給我們的禮物。但是當我們接受了東西，我們感到高興，我們會做什麼？或許我們會想要表達我們很開心、很感激？或許我們也很想要奉獻什麼？如果我們真的很高興，或許我們應該尋找自己擁有的最珍貴的東西？當神

父舉起祝聖後的餅、酒時，讓我們聆聽他說的話：

> 全能的天主聖父，一切崇敬和榮耀，藉著基督，偕同基督，
> 在基督內，並聯合聖神，都歸於祢，直到永遠。

「神父做手勢並祈禱，我們不要只是站在那裡觀望。我們也要表達我們接受禮物的喜悅，也要表現我們自己的奉獻，所以我們大聲回應『阿們』，或是我們多次唱『阿們』，因為這是彌撒中最重要的，『阿們』。」

神學面向

我們提出的「禮物的聖事」這個詞，確實不是一般常用語，但它彎接近神學家說的「聖事性的祭獻」或「基督祭獻的聖事」[6]。「禮物的聖事」和「祭獻的聖事」之間的區別在於，同樣事實有不同方面的強調。兩者都是表達「奉獻」，可是「祭獻」強調的是每個奉獻所帶有的痛苦層面，而「禮物」強調的是每個奉獻富有愛的滿足層面。

「禮物」的豐富神學內涵是很棒的，雖然它很少被重視。它是〈若望福音〉（約翰福音）的主軸；「若望用禮物來表達降生聖言的三個層次：使命、人子、救贖工程。每樣事物都是上主經過基督和在基督內所完成的救恩史中的禮物。」[7]

所以當我們說「禮物的聖事」時，我們並沒有冒著消除聖體真實性的危險，即使是我們只特別注重喜悅的層面。如果孩童的年齡容許，這是一個很容易整合承擔努力、接受痛苦的層面（圖8、圖23）。確實，不是每個年齡層都能接受基督信仰事

實的每個層面,但依我們的估計,每個人的童年都是安享神的時刻。我們也已經提過,在宗教事實中享受和喜悅的層面是很重要的;我們相信,普遍來說這點尚未得到重視,特別是在孩童們的宗教入門這件事上。

與神關係中的喜悅元素

心理學強調,在人與神的關係之中,擁有先宗教(pre-religious)的愉悅經驗可能是很重要的。我們自問,追求這個愉悅經驗是否要與宗教經驗分割、先於宗教經驗,或是重點不能轉移到與神的關係上,尤其在兒童期早期。我們記得,當孩童談到神或是跟神對話時,他們所顯露的那種特別的著迷;當孩童想著自己所接受的宣講內容時,能長時間專注地沉思,似乎要滿滿地吸收他們生命所需要的元素。我們記得孩童身上那些寧靜、祥和、專注的時刻。

我們太常隱蔽或阻礙這份愉悅,由於專注於道德性或法規性的上層結構,剝奪了我們與神會晤時的自然魅力。如果我們太早、太過分地強調「人」的回應,我們的注意力就會在人而不在神,我們與神的關係也會因此耗損。如果我們太在意自己該做什麼,就會使我們無法停下來享受神的主動性,因而毀了盟約的關係。

顯然,道德教育以及為掙扎、犧牲做好某種準備,這是必要的。但是〈智慧書〉(傳道書)說「事事有時」。兒童期早期並不是為道德而努力的時段。以我們的觀點,當孩童尚未為任何事操心時,兒童期早期應該是安詳成長的階段,自得其樂,而能享受所有帶給他的人、事、物。六歲以後,其他需要考量

的現實出現，孩童的視野再也不能那麼清澈。時候到了，需要他選擇的個人功課便會到來，孩童應邀進入行為層面的道德承擔。然而，我們不能把時間提前或是攪亂，如果犯了這個錯誤，就會杜絕孩童最需要的通往神的管道。

依我們預估，為了孩童的道德養成，我們需要有所妥協，但那必須奠基於愛，也應該是孩童回應神先了給他們的愛。是我們混淆了神自己的面貌，這一點後面會多加說明。

我們點出了孩童們要付出、奉獻的層面，看似與之前所說的相互矛盾。其意義有細微的差別，卻是如此真實又重要：奉獻某東西給禮物的贈予者，是孩子們開心的自然行為；在這樣的狀況下，奉獻成了喜悅的表達。在聚焦於「禮物」的層面之後，我們要讓孩子們隨時深思這份喜悅並且樂在其中，自然而然地，孩子們便有意願想要表達自己著迷的經驗。那高舉的雙手是孩子喜悅的表達，而不是他的道德承擔。那是奉獻，不是犧牲。我們說過，犧牲涵蓋了努力與痛苦，而奉獻來自喜悅心靈的自然流露。

事實上，孩子們對彌撒以「禮物的聖事」方式呈現的回應，是直接且深邃的；他們似乎是在那裡等候著像這樣的事發生。他們以驚人的成熟度恰當地將此層面賦予在感恩禮上；這個面向自然、簡單、深刻地在他們內心紮根。他們持續在討論、反省中提起，好像對他們而言，那是一件早就知道的事。

孩童們的回應

我們摘錄了義大利羅馬露德聖母堂的引導者們的一些日記，來敘述到目前為止孩子們對我們所做工作的迴響：

一九七四年十二月十一日，一群四到六歲的孩子。

孩子們知道主教要來做牧靈訪視、探望他們，然而他們的功課仍然照常進行；當主教進來時，有些孩子正在做一個大的綠色底座來代表羊棧，有的孩子則做圓形的底座，準備作為祭台。他們正從羊棧中拿出羊群，放置在祭台周圍，那裡有已準備好的聖爵和聖盤。一位引導者陪伴主教到祭台。漸漸地，孩子們都過來和我們在一起。

主教放棄他的椅子，跟孩子們坐在小板凳上。有些孩子回應引導者的問題，其他的孩子彼此交談或跟主教說話。他們說我們是羊群，善牧帶我們到我們「開心」的地方，善牧特別要在彌撒中見我們，「他來只為與我們同在」。一個孩子舉起手做了祈求的動作，另一個孩童說：「讓我們把善牧的模型移走，這裡有麵餅和酒，意思是一樣的。」

主教似乎屏住了呼吸，然後他問：「做『覆手』手勢的那位是誰？」孩子們回答：「司祭。」主教又問：「誰是司祭？」法比奇回答：「一隻特別的羊，做手勢同時祈禱。」馬可指著主教說：「是你！」

我們當中的一人問：「天父把耶穌給我們。我們能給祂什麼？」在年初，孩子們畫了一雙手掌向上的手，並剪了下來。這時他們去拿剪好的手掌，把要奉獻的東西放在手掌上：善牧，很多孩子把羊放上去，其他孩子帶來木製的小人偶，表達個人分享的奉獻。每位引導者也都放一隻羊在手掌中。每個人都放上了某樣東西，除了主教。接下來是一陣深刻的靜默和等候。最後，茉莉亞轉向主教說：「你的羊呢？」主教轉身，拿了一隻羊放在剪紙的手掌中，說：「如果我當得起這麼做。」

　　不久之後，主教仍然深受感動，如此評價他所見的一切：
「我再也不能像從前一樣說善牧的比喻了。」他說，從今以後他
要說牧者是「愛與合一的獨特人物」。主教也評論他在這裡看到
的「領聖體」。最感動他的地方，是這麼小的孩子能夠以這樣自
然、深刻而慎重的方式，訴說著如此重大的事情。

「禮物」主題的情感影響

　　我們應該自問，「禮物」這個主題是否觸碰到了孩童內在的
最深處。佛納利（F. Fornari）觀察道：

　　在與孩童互動的型式中，母性元素強烈地決定了一個人
的人生，它超越孩童生理層面的基礎。想要求得「禮物」的意
義，母性元素是不可或缺的，甚至足以創建一個滿足的「我」，
缺少了它，將妨礙「我」的建立，也或多或少會讓「我」暴露
在嚴重的災難中。

　　他繼續說道，對這件事的肯定「是大部分學者所認同的，
他們認為它具有鮮明的神秘意味。事實上令人驚奇的是，這件
事可以聚焦在禮物的宗教問題上」。[8]

　　對任何年齡層來說，「禮物」都是一項正面的經驗，而在某
個年齡階段，它會成為人格塑造的元素。依據最新心理學的研
究，「母親臨在」的這個禮物，對孩童的滿足感是非常重要的，
它所涉及的是超越生理層面的關係。如同佛納利的觀察，它不
僅提供身體上完整的溫暖和食物，也在情感關係中連接了母親
和孩子。孩童對此的需求遠勝過食物，我們提過，這是眾所周

知的事實。

我們在思索，如果孩童置身於一個能逐漸領會到「神的臨在」這個信實禮物（且這個禮物遠超越所有人際關係）的環境中，這對他會有怎樣的影響。我們也應該自問，如果按照我們提出的彌撒示範方式，卻沒有把禮物的根本經驗建立在比母愛更堅實的基礎上（母愛是屬於人性的，所以當然也是有限的），又會是什麼樣的結果。

無論如何，在善牧比喻中，我們觸碰了同樣的深邃核心。「禮物的聖事」和善牧比喻彼此關聯、相互整合，它融合了聖經和禮儀，成為滋養的綜合體。依照我們的預估，這兩者所提供的滿足經驗，能促使孩童處在與世界同步的和諧中，也能讓孩童與神的關係奠基於根本的信任上。

彌撒工作的介紹

到目前為止，關於我們與孩子們做的彌撒工作，已經有了很豐富的描述。但在其前置部分，還有「叫出名稱」和「實際操作」的練習，雖然從意義上而言似乎有些貧乏，對孩童們卻非常有用，能為他們之後做更複雜的工作鋪路。這工作的特質是感官性的，因而回應了孩童的需要。

孩童們使用和彌撒有關的小模型（包括祭台、各種用品和司祭的祭衣），藉著三段式教學，學習它們的名稱和功能。第一步，引導者指著物件說出其名稱，例如：「這是聖爵。」第二步，引導者說出物件名稱，並要孩童來指認：「聖爵在哪兒？」最後，孩童要說出物件的名稱，來回答引導者的問題：「這是什麼？」

初次示範祭台，那是一張為了特別的餐宴（耶穌的晚餐）而準備的特別桌子。引導者說：「祭台上鋪著祭台布。有一個很美的杯子，叫做聖爵，還有一個很美的盤子，稱為聖盤。」孩童們會在一系列的彌撒工作中找到這些元素。此外，祭台上還有點著的蠟燭以及十字架，那是復活的象徵。

只有到了第二次示範，我們才給孩童們展示放著聖言的讀經架模型；甚至在這個階段，我們仍然專注於彌撒中聖祭禮儀的部分。這些展示關係著基本知識，但它們非常重要，藉著讓孩童們學習更多的辭彙，他們以後發展更豐富內容的工作時就會更加順利。

還有，孩童們在設置祭台模型時所要做的動作掌握，有助於祈禱。把注意力集中在某個目的而做，能夠滋養孩童專注和聆聽的祈禱能力。不少母親說，當孩童們在善牧小室熟悉了彌撒用品之後，參加彌撒的態度改變了。教堂再也不是「每樣東西都覺得陌生」的地方；如今他們看到的是他們熟悉的東西，即使這些東西比他們練習時用的模型更大也更美。

至於祭台的大小，我們認為最好要比一般兒童尺寸的桌子再小一些。彌撒用品和司祭的祭衣也要比一般尺寸小。如此一來，孩童們才會清楚知道這些只是練習用的物件。

此外，還有一些要教孩童們做的工作，也就是那些他們參與彌撒時自己可以做的部分。這些工作可作為幼童彌撒前的準備，在此同時，大一點的孩童和成人也藉著默想彌撒經文作為準備工作。這些準備工作都是簡單的操作：孩童們學習把洗手用的水裝進正常尺寸的水瓶裡，準備聖爵內的酒和司祭在祭台上要用的一點水。

依據一個寓意的詮釋，滴進聖爵中的幾滴水代表人，酒則代表基督。雖然目前的趨勢是省略「象徵」，但因為「象徵」能帶給孩童啟發的回應，我們還是繼續傳授。

這個練習通常是最年幼的孩童在做的，但是我們永遠不會忘記一個七歲的孩子馬西莫的練習經驗：他不停地重複做這個練習，做了好久，引導者以為他是因為懶散、做不好才這樣，幾次到他旁邊要給他介紹其他的工作。可是，馬西莫臉上的表情是那樣全神貫注、帶著強烈的意圖，他一邊重複著手邊的動作，一邊試圖解釋他在做什麼，但他說不清楚。引導者靜靜觀察他不斷地重複同幾個動作，也容許他這樣做。到了年底，他終於想到怎麼說了：「幾滴水，很多酒，因為在耶穌裡面，我們要讓自己消失。」整整一年，這孩子透過練習的簡單細節，一直在思考人類與基督神秘的結合。最後，馬西莫用了彷彿神秘學家的語言來表達。

自然而然地，彌撒的工作繼續進到第二輪，孩童慶祝他們初領聖體。在第二輪，我們藉著「擘餅」和「平安禮」這兩個肢體動作，專注於另一個彌撒中的基本時刻——領聖體。如同我們之前提過的，孩童們已知道「奉獻」的時刻，現在進入到「奉獻」的道德層面。

簡單、概括地說，彌撒工作的三個要點：聖體的臨在、奉獻、領聖體（這是大一點的孩童才進行的），三者由一個動作連結，使這個工作示範更生動的呈現。如同談論其他重要主題一樣，我們在這裡也引用蒙特梭利的「困難度的孤立」（isolating the difficulties）原則，在宗教領域裡，這原則就成了「將最重要的神學內容孤立出來」。我們可以運用「螺旋漸進」的方法突

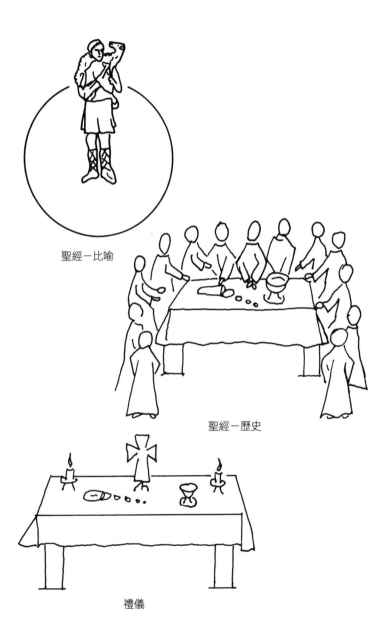

聖經－比喻

聖經－歷史

禮儀

顯要點──引導幼童、較大的孩童,以及成人,逐漸向著不可思議的實相之境前進。這點以後我們會多加說明。

甚至對於最小的幼童們,也可以用不同的方式將彌撒示範給他們,從感官開始(祭台、有關用品、司祭的祭衣)逐漸進展到內容深一點的區塊。直接與彌撒有關的工作,可以從聖經的層面(比喻上和歷史上的,之後會多加說明)和禮儀的觀點展開,以圖解的方式來呈現。

這一切工作對孩童生命有廣泛的影響,也只有到了後來,才得以看見影響為何:當大一點的孩童開始在意,在奉獻的時刻以一個深具意義的方式舉起他的手。關於這個主題,請參閱芭芭拉和希蒙在十歲、十一歲所畫的圖(圖8、圖23)。在成人的部分,我們示範給孩童們的所有工作都應該是「無私」的,意思是我們不能也不應該試圖從孩童的行為上看見實際的成果。

掌控的問題

這樣複雜的工作確實出現一個問題,就是我們該如何檢驗、證明自己所做的事是否正確。我們有可能掌控孩童們在如此廣闊的範圍內所領受的主題嗎?用一般的話來說,我們能否掌控善牧教理課程的工作?顯然地,有些部分是可能且容易做到的,例如,叫出彌撒用的各種物件和祭衣的名稱,或正確說出耶穌在巴勒斯坦的地理位置名稱。然而,當我們進入更深刻的內容時,這還有可能嗎?

我們相信,主題越深入,越難去做任何檢證的行為。尤其是當我們所傳授的是不屬於我們的種子、更難去佔有其成果時,此點更是千真萬確。偉大的教師聖奧斯定(St. Augustine)

說：「我永遠不會教。」[9]因為聖神的臨在是「風要往哪裡吹，就往那裡吹」。對自己在意料之外所看見的事物，引導者應該心存深刻的敬意和感恩。

　　所以，我們要勇敢地捨棄詢問孩童那些不必要的問題。我說「要勇敢地」是因為某些掌控是學術方面的，雖然會給引導者安全感，但那卻是空洞的：引導者教導，孩童看似理解，成人則自覺沒做虧心事。然而，這種掌控可以在學院的層次執行，但不在教理傳授的層次進行。當我們談的事物涉及深邃的靈性層次時，所有的掌控都是虛幻的，我們連在自己身上都無法那樣掌控。有誰知道他在自己生命中是如何意識到神的臨在？有誰知道他自己在感恩禮中參與到什麼程度？

　　要在學術方面的掌控中尋求安全感的引導者，是在錯誤的地方尋求安全感。我們真的確定，當孩童能回答出我們的問題時，我們的工作就是好的嗎？太急、太隨便地回答，可能是一個記號，表示我們傳遞的東西只停留在表面上，孩童只是機械似地重複他所聽到的，缺少了個人的參與。個人的回應只能出於自己內在深處，而這需要時間。海浪的波峰可能有閃爍的顏色，但是重要的是在那之下的水流，那兒是我們進不去也不該進去之處。

　　我們認為，藉著掌控來尋求安全感的引導者，排除了最偉大喜悅發生的可能性，有時在工作中揭露的那種喜悅，是通過一股我們清楚知道那不屬於我們自己的力量，那是一抹不可察覺的氣息，讓我們知道不是我們，而是聖神在人們的心中工作。這些時刻之所以令人歡欣鼓舞，正是因為那不是我們人的作為，完全超越了我們所能給予的。那是芥子（芥菜種）開始

發芽——這成長的神秘之處,在於那是「自己」發生的,而撒種者卻「不知其所以然」。這就是「覺知到神的臨在」的時刻。只有當引導者知道如何重複熙雍的話時,才能品味這時刻:

> 誰給我生育了這些人呢?我原是不妊不孕的,
> 這些人是誰養大的?看!我本是孤苦零丁的,
> 他們卻是從那裡來的?
>
> ——依撒意亞(以賽亞書)49 章 21 節

我們的「不妊不育」和聖言的「生育多產」,就是這個在孩童之內兩者之間的比較,使我們內在充滿了無言的喜悅。

有時候,我們會發現我們工作的印記:從孩童們意想不到的回應中、從他們完成的工作中、從他們全神貫注的神情和寧靜的喜悅中,或是從他們深刻觸碰到主題而自然傾吐的祈禱中。無論如何,面對意外事物的顯現,我們應視之為恩典而不是權利。

引導者唯一的安全感,來自於對神和其受造物的信仰,信仰那位跟祂的受造物說話的神。以神貧(poverty,即靈性上的貧窮)的精神放棄所有安全感是必要的。我相信神貧是引導者根本的德行。

第五章

基督之光和聖洗聖事（洗禮）

光在黑暗中照耀，黑暗決不能勝過他。

——若望（約翰）福音 1 章 5 節

　　我們給孩童們的每一個主題，都需要一個特別醒目的元素，我們稱之為「連結點」，用來強調主題的重要核心。這個連結點帶我們進入主題的中心，使我們對所要思考課題的本質有快速而全面性的直覺。它是首先應用於直覺上的認知工具，其有效性則藉由更特殊的理性過程，持續地被評估。

　　連結點本身必須具有豐富的意義，我們用它作為長期的參考點，從而協助我們往主題的深處走去。如同樹包含在種子裡一樣，我們要示範的主題也包含在連結點裡，引導我們向更偉大、更深邃的知識開放。我們要在「標記」中尋找連結點，它不必是神學或禮儀中最重要的元素，例如，聖洗聖事的連結點是「光」。

　　光對感官有直接的效應，在心理上帶來滿足感與確定感。所以，孩童把基督之光和善牧（好牧人）聯想在一起，前者的圖像就會因此得到強化。此外，眾所周知，根據整個基督宗教傳統 —— 遠自聖保祿（保羅）和教父們[1]直到今天的我們 —— 對禮儀的理解，基督之光的圖像與聖洗聖事之間的連結，更有特殊的重要性。

　　保祿談到聖洗時，將之形容為「我們參與了基督的死亡和復活」：

　　我們藉著洗禮已歸於死亡與他同葬了，為的是基督怎樣藉著父的光榮，從死者中復活了，我們也怎樣在新生活中度生。如果我們藉著同他相似的死亡，已與他結合，也要藉著同他相似的復活與他結合。

—— 羅馬書 6 章 4-5 節

　　顯然地，我們不能以這樣的方式跟孩童說話。即使是成人，要理解這樣的語言也有點困難。但是在保祿的書信中，這段描述與聖洗的「光照」連結了起來：

　　你這睡眠的，醒起來罷！從死者中起來罷！

　　基督必要光照你！

——厄弗所書（以弗所書）5 章 14 節

　　〈希伯來書〉稱即將受洗的人為「蒙光照者」（6:4、10:32）。這只是用另一種方式述說同樣的事：從黑暗到光明，對照從死亡到生命的通道。我們在禮儀中活出神學，而聖洗的標記使我們參與了基督的死亡與復活，藉著黑暗與光明的對照，使我們「看見」實相。孩童們使用的聖洗的教具，由聖事禮儀的標記組成，每次只顯示一個標記；事實上，教具除了涵蓋這些標記之外，別無其他。

解讀聖洗的標記

　　當我們給孩童們示範聖洗聖事時，他們已經知道〈依撒意亞先知書〉中關於默西亞（彌賽亞）就是光的預言，以及復活禮儀的光（參閱第六章）。所以我們把聖洗聖事和這些元素連結，復活蠟則把這個連結具像化。我們讓一組孩童在受洗的區域集合，先讓他們察覺到復活蠟的存在，並且回想最近我們在復活節這個特別慶典中拿著蠟燭的情況：

　　「有好長的一段時間，我們等候著燭光被點亮。當基督誕生時，光照亮了世界（此時，我們在孩童們驚喜的臉龐前點亮

復活蠟）。然而有段時間，黑暗籠罩了光明。耶穌知道會發生這樣的事，他說：『善牧為他的羊捨棄生命。』（這時我們熄滅蠟燭）。但是黑暗戰勝光明只是短暫的，因為耶穌的復活，光再度點亮，永不再熄滅（我們再次點亮復活蠟，並和孩童們一起默想照亮世界的新光）。

「這是很特別的光，強而有力、不再被消滅，更是影響深遠的光。復活的基督不願意把這光據為己有，他要把它贈送給接近他的人。從那天起，當光再次在世界點亮，有多少人在自己心中領受了這道光！它是多麼閃亮！然後有一天，這道光也照射到你、我身上（這時孩童們被一一點名，來到復活蠟前，點亮他們自己的蠟燭）。」

現在，繼續默想「光」的禮物：「我們的燭火這樣明亮閃爍，是多麼美啊！在我們領受洗禮那一天，一道很特別的光會來到我們心中照耀！多麼珍貴的禮物！如果不是復活蠟的燭光戰勝了黑暗，我們怎能點亮我們的蠟燭呢？如果不是基督先把這道光給我們，在我們心中能有這道光嗎？」三歲半的弗蘭西斯這樣解釋：「耶穌給我們一雙愛的手，所以我們可以舉起。」

在第一個示範中，我們也給孩童們觀看受洗時穿的長袍，說：「這件長袍這麼白！完全是白的！在我們受洗那一天，我們的長袍會完全覆蓋我們，從裡到外；我們接受了光到我們心裡面，從裡到外，表示我們已經完全不一樣了。」有一次，一位引導者問孩童們說：「為什麼領洗的時候我們會得到一件白袍？」一個五歲的女童回答：「因為光在我們的裡面和外面。」

然後，第二個示範，我們談到描述神之話語的書（聖經）和水。我們提出的重點包括：「透過這本書，光進到了我們裡

面，這是我們變成羊的管道，羊有我們心中的光。光也透過那些使我們認識神的話語，進到我們裡面。福音是藏有神的秘密的書，那是祂要每個人都知道的秘密。其中有個秘密你已經知道了：主耶穌是我們的善牧，他認識所有的羊的名字。他領導他們，給他們食物和飲水，並且洗淨他們。神的光也透過水進到我們裡面。水常常用來清潔，使萬物得以生存。因聖父、聖子、聖神之名給了我們這水。這水除去我們所有的黑暗，我們在無限光明的神國中誕生了。」

在這時，引導者把水緩緩倒下。當引導者說「我給你施洗……」時，孩童們聽見輕微的水流聲，然後孩童們輪流倒水，同時說有關聖事的話語。

在其他課堂中，孩童們會專注於聖洗的禮儀元素，諸如傅油、倒施洗聖水和十字聖號的標記。我們會回來說明在水上方覆手的手勢，並與孩童們一起探索與彌撒有關的手勢和動作。孩童並不會緊黏著標記的教具，而是會給予深度的詮釋，圖32再次確認了這一點。在這張圖裡，聖神是主導。至於十字聖號，如果還沒介紹給孩童們，那現在就要鄭重地介紹。

我們這樣解釋：「這是善牧戰勝黑暗權威的標記。用大姆指在我們額頭上畫這個標記，就像是司祭要把它刻進我們裡面。事實上，這標記不只是畫在我們的皮膚上，在皮膚上很容易被破壞或清除，它是烙印在我們心中，『像是珍貴的珠寶』（圖49、圖50），也『像是芥子（芥菜種）』。接下來，為所有在場的人畫十字聖號，這次是以一個大的手勢，十字聖號可覆蓋所有的人。」（引導者用比較誇張的方式做這個手勢）「它就像個保護的盾牌。」

如此一來，一個常出現在〈聖詠〉（詩篇）和教父們身上的圖像，會在孩童們的腦海中反覆浮現。之後，孩童們便會把聖洗的十字聖號和「和好聖事」的赦罪十字聖號連結在一起。在那時，「盾牌」要有一個比較清晰的保護意涵，來防護與對抗邪惡。

孩童們的回應

如同前面說過的，孩童們心思靈巧，往往可以超越象徵符號所顯示的。有一次，我們跟孩童們一起默想「光」，一位引導者出聲讓大家省思一個問題：「我們可以用什麼來比擬聖洗的光？它像是燈罩下的燈光嗎？」孩童們回答：「一點也不像。」引導者再問：「它像陽光嗎？」六歲的法蘭西科回答：「陽光是自然的光，聖洗的光是……」他缺少一個合適的詞來形容，就是「超性的」，但這層次上的不同對他而言卻無比清晰。

無數的祈禱見證了孩童們心中所保有的光的圖像。他們著迷於自己所領受的禮物，也不斷地感謝神（參閱第七章）。這個光的圖像以後還會出現在我們對孩童們所示範的道德相關主題上。這個事實顯示，他們在六歲之前所經驗到的著迷並沒有白費，而且開花結果，影響了他們童年的行為。這個重複出現的光之圖像，也讓我們看到孩童對於光之圖像一再地「愛上」，儼然成為孩童道德生活的再生器（參閱第九章）。

如果我們綜合孩童們透過聖洗聖事的標記所學到的，有關基督信仰的點點滴滴，會顯示它們包含了整個聖洗聖事的根本信理。孩童們藉著「點亮」蠟燭、「熄滅」、「再點亮」，「看」到了聖洗是參與基督的死亡和復活，基督把他的光傳給我們，透過傳遞給我們的光，我們「成為神的孩子」。三位一體的體現和

「以基督為中心」，特別是在聖事的用詞上，和以覆手手勢為重點的「聖神的行動」是一致的。

在光的象徵中，我們也「看」到神的禮物（或說是「恩典」）。教會是歡迎、保護和愛我們的羊棧，在那裡，所有的羊都有光，在那裡「每個人都成為好人」——這是一個孩童說的。

如果聖事的禮儀元素沒有給我們提供一套具體的神學，對孩童們而言，所有這些都會極度生硬而難以理解。如果沒有可見、可觸碰的聖洗神學，象徵很難不淪於抽象化。關於彌撒，我們已經說過，我們必須小心不要用我們自己的語言過分重視象徵的立即效用。在示範的過程中，我們要提供長時間的間隔、靜默，這樣才能給孩童們一個「看見」聖事的管道，基督透過這個管道在我們裡面運行，跟我們一起工作。

有關聖洗的圖畫也表達了孩童無庸置疑的整合能力。顯而易見的是，很多圖畫都是在孩童腦海中自然產生的，而引導者應該自我節制，一次提示一個元素，並且不給這些元素做任何的連結。我們在孩童們的工作中看到這些連結，是他們個人發揮的成果。

「基督是光」和「基督是善牧」通常相融在一起，成為驚人的綜合。圖11讓我們看到了善牧基督周身燦爛的光。一個四歲半的男孩童畫了一張善牧的圖，然後把復活蠟貼在旁邊（圖25）。然而，基督從不與他的信徒分離；五歲半的莉塔瑪麗亞在圖中所畫的光，象徵善牧和他的羊之間弟兄般的連結，她描述為「光之羔羊」（圖26、圖27）。

在這個示範之後，連很小的幼童都興致勃勃地想要參加燭光禮。三歲的馬泰歐和成人一起參加禮儀，他是嚴重肢障，也

還沒辦法說話。當所有人圍著復活蠟祈禱時,馬泰歐慢慢地發出聲音:「他復活了。」這是他說出的第一句話。圖 31 表達了復活,呈現在三個層面上:死亡(黑色)、復活(光在基督周圍),以及基督聖事的臨在(孩童們手持蠟燭)。這三個元素也在羅伯托(六歲)的圖畫中重複出現:死亡用紅色表現,復活則用黃色,黃色也是復活蠟的顏色,圖中的羊群走上前,從復活蠟那裡點燃自己的蠟燭(圖 29)。

復活奧蹟和聖洗聖事的連結,似乎已存在於孩童們的心中,一點也不遜於聖保祿心中的理解。一個五歲女孩在善牧比喻的主題之後畫了一隻羊,幾個月後她上完關於「聖洗」的主題,她拿出她的畫,在羊的旁邊加上了點燃的蠟燭,然後解釋說:「牠的裡面有耶穌的光,跟其他的羊不一樣,牠在耶穌的羊棧裡。」六歲的馬可畫了兩支蠟燭在羊的旁邊:「牠很開心。」當引導者問他為什麼開心,馬可回答說:「牠跟神在一起。」(圖 15)

六歲的卡蘿拉把羊棧、象徵聖洗的白袍、光(蠟燭)、聖油和聖言放在一起,羊(只畫了頭)直接從復活蠟去取光(圖 28)。同樣的主題,卡洛(六歲)的畫也值得注意:他描繪自己「成為耶穌的羊」,把聖洗和感恩禮的結合當作旅程的終點(圖 34)。

圖 49 詮釋了聖洗為「珍貴的珠寶」,跟「成熟的麥穗」畫在一起。圖 50,「寶石」隱藏在發光的心中,用覆手來表示那是聖神的禮物。孩童們藉著創造他們所領受之物的結合體,表達了他們是多麼地悠遊自在,徜徉在為他們開拓的廣闊場域中,而這些是來自於成人(不只是引導者)的帶領,更來自於神之奧秘的啟發。

GESU

圖 3

圖 4

圖 5

圖 7

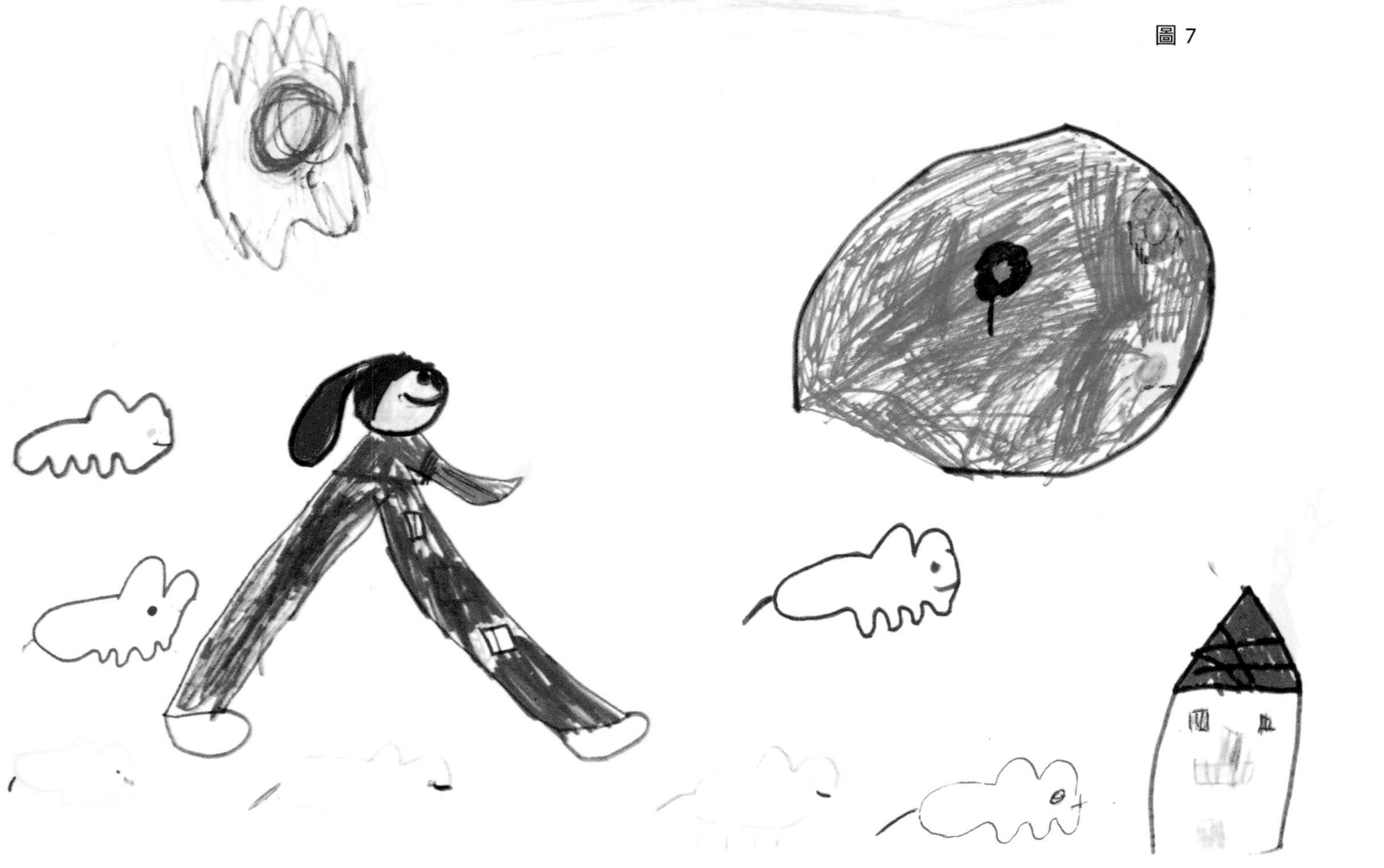

圖 8

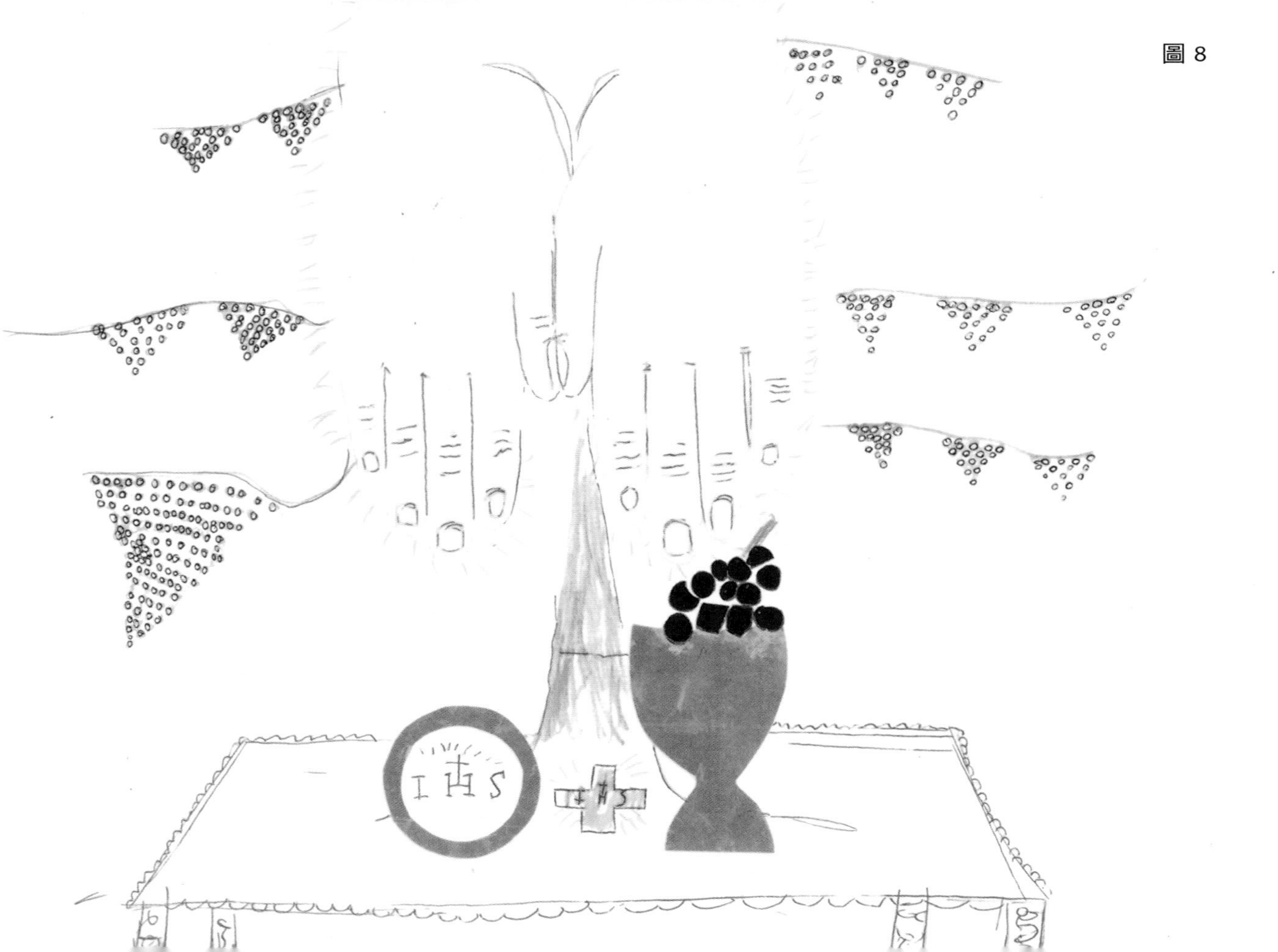

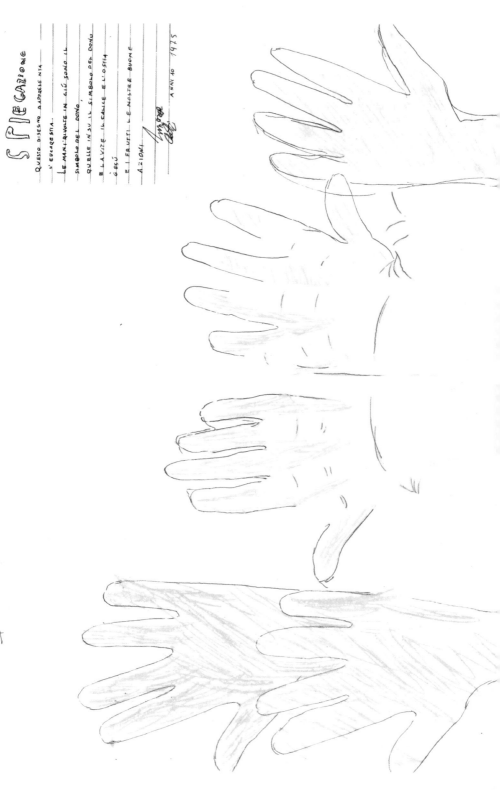

SPIEGAZIONE

QUESTO DISEGNO RAPPRESENTA

L'EUCARESTIA.

LE MANI RIVOLTE IN GIÙ SONO IL

SIMBOLO DEL DONO

QUELLE IN SU IL SIMBOLO DEL DONO

DI GESÙ

E LA VITE IN CALICE E L'OSTIA

E I FRUTTI LE NOSTRE BUONE

A 21044

ANNO 1975

圖 9

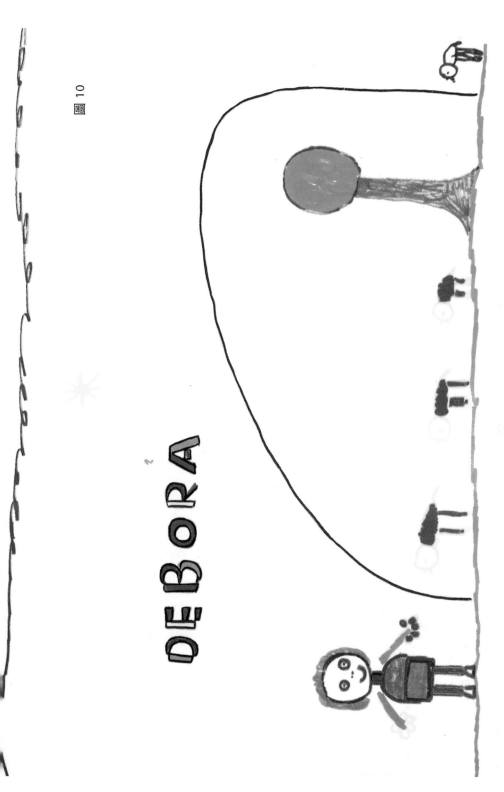

圖 10

圖 11

Gesù ti voglio tantatanto
bene Gesù voglio stare sempre
vicino a te daci tanta luce
queste pecorelle siamo noi

Maria Rita Uttoni

圖 12

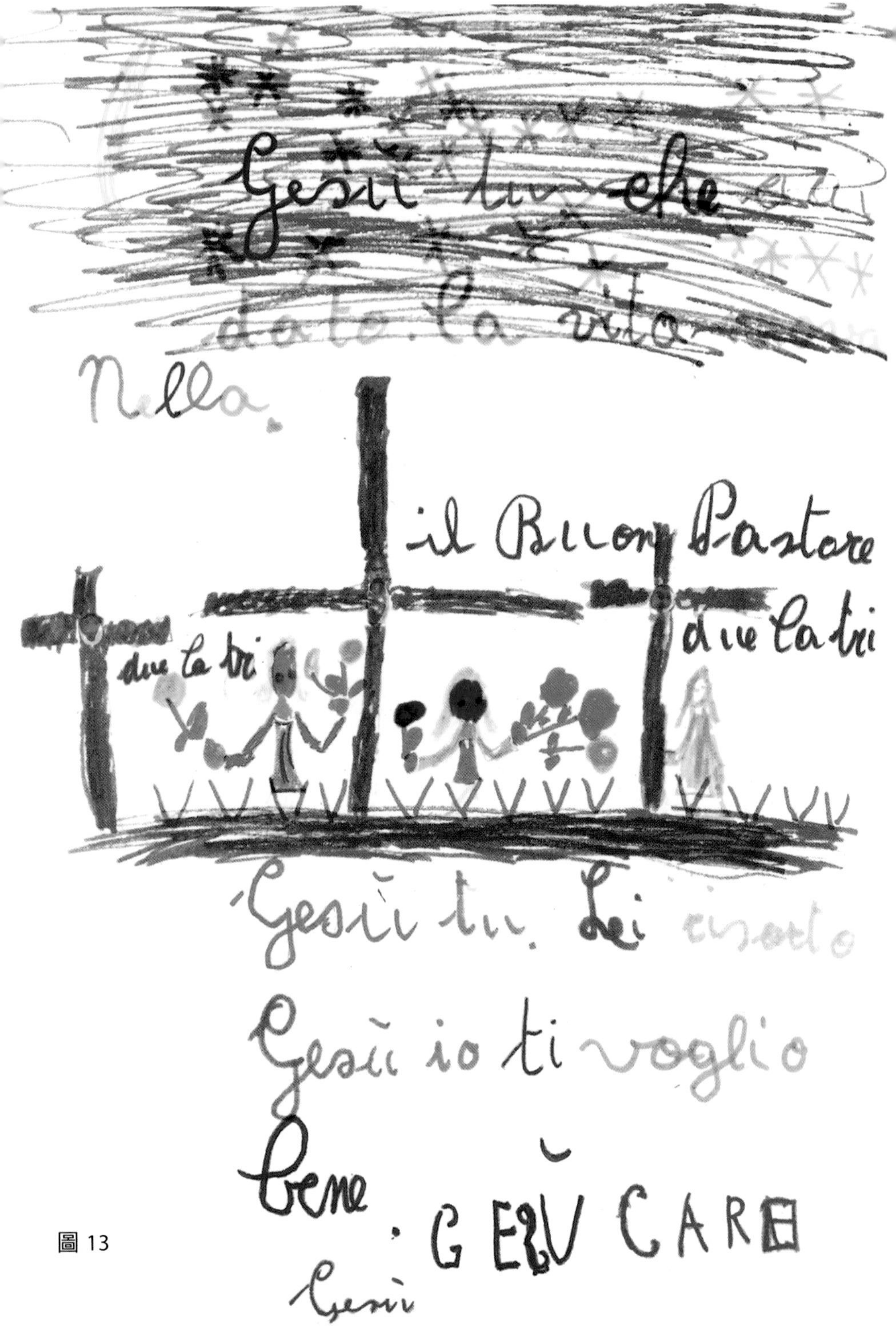
Gesù tu che
data la vita
Nella
il Buon Pastore
due la tri
due la tri
Gesù tu sei risorto
Gesù io ti voglio
bene
GESU CARE
Gesù

圖 13

il pastore da la vita alle sue **pecorelle**
e vuole tanto bene **a** tutte le pecore
ne e gli Gia la sua vita e gli
fa di volentare più buona

ha ,l'orte marsu

Il buon

Il cuore
era la fida
e se sito a cero

14

MATTO RINI

圖 15

Gesù nat...
a messo
grande
mamma

la madonna
e Gesù

Anna Laura
sei anni

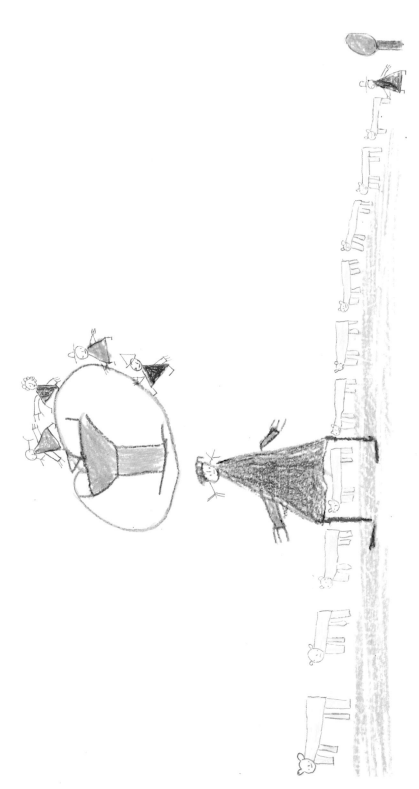

18

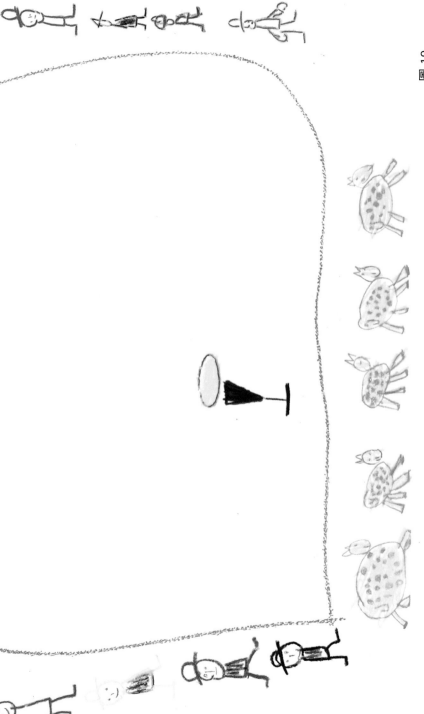

圖 20

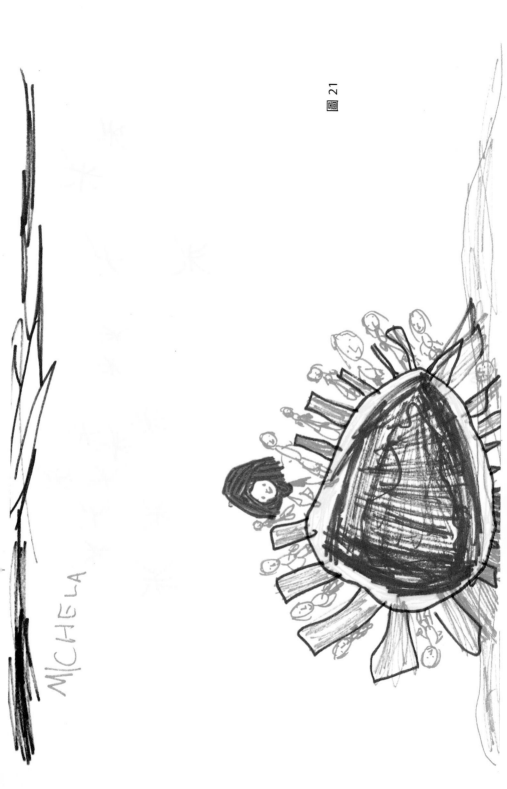

圖 21

MICHELA

圖 22

STEFANIA

I 10 comandamenti
io sono il segno della tuo

1 non avrai altri dei all'infuori di me

2 non userai il nome di dio tuo inutilmente

3 ricordati della festa per santificarla.

4 onorerai il padre e la madre amati tu vivrà lungamente sopra la terra

5 non uccidere

6 non dirai contro il tuo prossimo testimonianza falsa

7 non commettere atti impuri

8 non rubare

9 non desiderare la donna del tuo compagno né la casa, né il suo asino né il suo campo né il suo servo né il suo bue.

10 non desiderare nulla di quanto appartiene a un altro.

Il mio quaderno, cioè il mio lavoro

I H S

Siate perfetti come è perfetto il padre vostro

Quando fai l'elemosina non suonare le trombe davanti a te.

Amate i vostri nemici

圖 23

Il nostro
~po è tem=
~o dello
~rito Sanlb.

E' uva che Dio ci da noi
la trasformiamo in vino con
il nostro lavoro.

(esempio)

ho predicto
ho fame

tieni
ti do del
pane

ROO
ROBERTA
MEZI

圖 24

Il buon Pastore

圖 25

Gesù e la pecorella smaritta
e Gesù sta vicino alla sua
pecorella. di luce lei sta sem-
re vicino al luce e non site
re allontonare dal brion
Pastore.

Avoglio
Rita Maria

圖 26

Gesù mi di spiace che
ti sono scapate le pecore
non ti vogliano più
bene io voglio stare
sempre vicino ate
e non mi allontano
mia da vicino ate
e voglio sempre
Pagni la luce nel
quore

図 27

Le pecore sono piene
di luce e di bontà.

È nata una pecorina
e una pecorina va a
prendere la luce
di Gesù.

Carola
6 anni

IL VANGELO dicce

28

Ronne Roberto

Il buon Pastore é rosso perché da la vita,
giallo perché é pieno di luce

a eroce é rossa
erché Jesù morto

er noi

Solio perché da la forza.

圖 29

La luce di certo e le pecore
le

bambino tiene la. 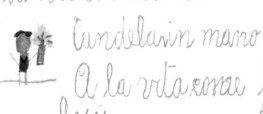Roberto Rorrio.

Candela in mano

A la vita come Gesù

Gesù risolto.

La bambi na con

la candela in mano.

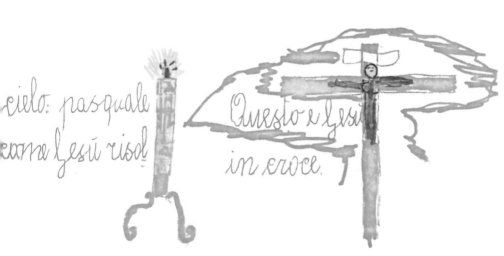

cielo: pasquale come Gesù risol

Questo e Gesù in croce.

圖 31

图 32

il buon pastore

narta

Roberta

Lolita madre chiara

yoyi

圖 33

Carlo
anni 6

testo partecipare

e sono diventato una
pecorella di Gesù

Battesimo io ho ricevuto la luce di Gesù
a veste candida

圖 35

圖 36

圖 37

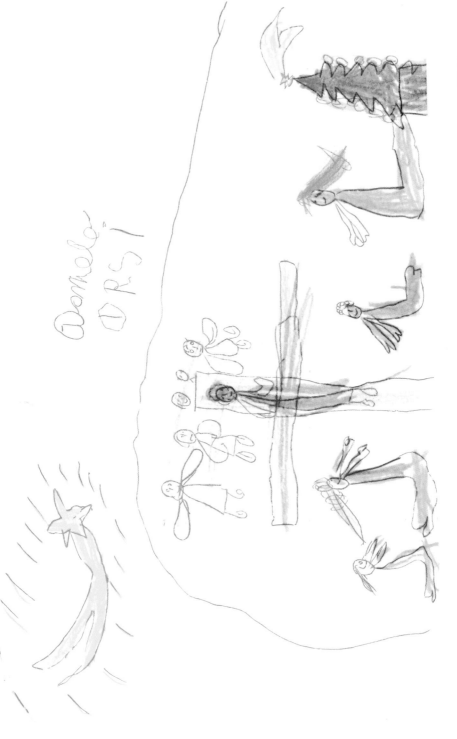

38

圖 39

圖 41

圖 42

圖 43

ABi

圖 45

OGGI NON C'è il sole perche -e la luna di

Dio

DIO

1ª elem.

圖 47

il contadino rendette tutto e comperò quel tesoro.

il contadino ha il tesoro nel cuore

Bruno Patrizia

48

le parabole di Gesù

il chicco di grano
cresciuto

+ +
croce
croce è della
salvezza

+

la veste candida

la finestra
preziosa

49

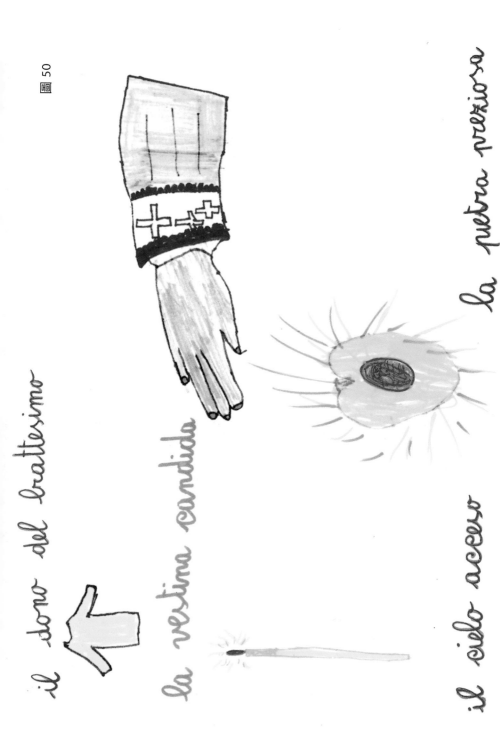

il dono del battesimo

la vestina candida

la pietra preziosa

il cielo acceso

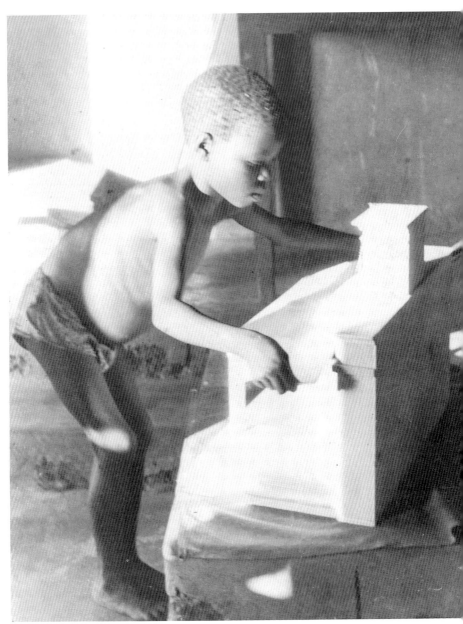

照片 1　一個孩童學習如何準備祭台。

照片 2　在羅馬的亞壁古道（Via Appia）街上，瑪麗亞方濟各傳教會的修道院，把馬廄改建成一個善牧小室。

照片 3　在羅馬的聖瑪利亞‧阿奎那教堂（Chiesa di Santa Maria in Aquiro）的風琴小閣樓中，佈置了一個善牧小室。

照片 4　幼兒們在羅馬歐爾錫尼（Via degli Orsini）教理中心的善牧小室工作。

照片 5　在馬里蘭州，雷尼爾山（Mt Rainier）的基督徒家庭蒙特梭利學校（Christian Family Montessori School）中，三歲女孩仔細地檢視芥子。

Aline Wolfe

照片 6　露碧雅（左）對琪拉（右）朗讀善牧（好牧人）的比喻，照片攝於墨西哥的奇克盧布（Chicxulub）。

照片 7　用「善牧」教具進行的個人工作，引導孩童進入默觀的內在對話，照片攝於阿根廷布宜諾斯艾利斯。

照片 8　彌撒的工作：克里斯蒂娜將幾滴水加到在聖爵中的酒裡頭。

照片 9　彌撒的工作：呼求聖神降臨的時刻。

照片 10　彌撒的工作：奉獻的時刻。

圖片 11　聖洗禮示範的第一階段練習。

照片 12　三歲的卡蜜默想聖洗的水，照片攝於加洲帕薩迪納的聖公會天使教堂（Episcopal Church of the Angels）。

Tracy Gaestel

Ann E. D. Luce

照片 13　五歲的尼爾思索著耶穌童年敘事中的聖母領報，在明尼蘇達州聖保羅的善牧中心。

Myra Arnold

照片 14　五歲的羅拉默想牧羊人的朝拜，在明尼蘇達州聖保羅的彌賽亞聖公會教堂。

照片 15　孩童們在初領聖體的避靜後，莊嚴地慶祝：他們遊行至祭台前，捧著小善牧雕像、蠟燭，以及放著新領聖體成員名字的盒子。

照片 16　孩童聆聽他們事先選好的讀經章節，新領聖體成員的名字掛在一張卡片上，放在祭台上。

照片 17　聖神降臨節／五旬節的慶祝活動：孩童們擺好七根蠟燭，並將聖神七恩的
各個名稱放在蠟燭下方，之後，孩童們聆聽聖經中聖神降臨的敘事。

圖片 18　聖神降臨節／五旬節的慶祝活動：讀經後，馬可點燃他最想要的聖神恩典
的蠟燭。

Marjorie Farhat

照片 19　亞連和朋友默觀在最後晚餐中，基督獻上自己成為禮物。照片攝於印第安納州南本德（South Bend）。

照片 20　教宗若望保祿二世參觀羅馬露德聖母教區的善牧小室。

照片 21 一群孩童慶祝「最後的晚餐」。照片攝於美國俄亥俄州克利夫蘭的善牧學校。

照片 22 一群孩童在「商人和珍珠」比喻的示範之後，進行反思。照片攝於加拿大多倫多。

第六章

耶穌生命中的歷史事件

天使向他們說：「……我給你們報告一個
為全民族的大喜訊。」
——路加福音 2 章 10 節

當我思考如何給孩童們介紹聖經時，我們立即面對一個困局——到底該從舊約還是新約開始講起[1]。神與人類的盟約是階段性持續實現的，我們該讓孩童們從一開始追溯這段發展過程嗎？我們已在第三章回答了這問題的一部分，在那一章裡，我們強調了善牧教理課程中基督這個人的重要性。依我們的觀點，孩童們應該被引導進入他們當下的宗教事實，其基礎是有一位中保，透過他，我們才能抵達天父那裡。

想要進入舊約，我們必須順著時間軌道移動，同時要有能力想像跟我們現在不一樣的文化和習俗。例如，如果不理解在某些文化中，有用兒童祭獻取悅神的習俗，那麼，對亞巴郎（亞伯拉罕）祭獻自己的兒子依撒格（以撒），孩童會有什麼感受？我們主張，孩童在八歲之前不要進入舊約。此外，我們不要讓自己被舊約不少特殊的表象所蒙蔽。

從聖經裡面，我們可以找到不少生動且容易追溯的事實。我們必須從中做出正確的選擇，只專注於那些孩童可以吸收其神學意義的章節。聖經是一部歷史性的神學，也可說是神學性的歷史；我們不能把聖經的神學和歷史分離，如果這樣做，我們對聖經的訊息呈現就不忠實了。聖經裡有許多歷史部分的章節，只要不一頭鑽進神學部分，孩童們都可以很容易地學習。

我們也要小心避開某些章節，否則就會引發把聖經變成「荒唐故事」或是「故事書」的風險。例如，如果我們要跟孩童們講述原罪，那些章節一定會被他們當成童話故事，因為裡面的動物會說話，而孩童們卻絕對無法理解其中的意義或訊息。依我們的觀點，給孩童全部（或主要都是）敘述性的經文，是錯誤的做法。事實上我們認為，越清楚、越詳盡的敘述，冒的

風險越大，也越阻礙孩童進入其中的深度。

我不認為讓孩童先熟悉某些事件，以後再進入其神學意義的做法是正確的。我相信，如果一個事件以故事或傳說的方式來學習，那麼在孩童心裡，就會一直保留其故事、傳說的樣貌，甚至到孩童長大，以後也很難把其中的神學內涵救回來。

孩童們畫的圖可以成為我們選擇經文的引導，如果關於聖經的某些章節，孩童只會畫記述性而不是詮釋性的圖，那最好避免那些章節，因為顯然他的理解只停在膚淺的表面。反過來說，有些聖經章節，孩童是可以深入內容的豐富層面的，本書中所收錄的圖證明了這個事實。那我們為什麼不專注於像這樣的經文呢？

預言

關於舊約，我們有所限制，到目前為止，對六歲以下的幼童，我們只在將臨期間選擇一些短短的先知預言。先知的語言富有圖像，所以非常適合幼童的能力。依撒意亞（以賽亞）先知的話語顯得特別引人注目：

> 在黑暗中行走的百姓看見了一道皓光，
> 光輝已射在那寄居在漆黑之地的人們身上。
>
> ——依撒意亞 9 章 1 節

如同我們之前看到的，孩童把「基督之光」和「基督善牧」（好牧人）相連結，兩者相輔相成，這已經以不可抹滅的方式烙印在孩童的腦海中。

在同一年或晚幾年，按照孩童的年齡和其吸收能力，我們可以增加其他較短的章節；例如，下面這段依撒意亞所說的話，宣布了透過那一位，光就會來到我們當中，而帶著光的人，是一個有著驚人稱號的孩童：

有一嬰孩為我們誕生了，有一個兒子賜給了我們；
他肩上擔負著王權，他的名字要稱為神奇的謀士、
強有力的天主、永遠之父、和平之王。

——依撒意亞 9 章 5 節

引導者可以再找其他醒目的章節。我們覺得，重要的章節應該要少而簡短、有豐富的圖像。我們給孩童們的其他章節是有關基督的母親：

看，有位貞女要懷孕生子，
給他取名叫厄瑪奴耳（以馬內利）。

——依撒意亞 7 章 14 節

還有，關於默西亞（彌賽亞）誕生地的經文：

白冷（伯利恆）！
你在猶大郡邑雖最小的，
將由你生出一位統治以色列的人。

——米該亞（彌迦書）5 章 1 節

在這段經文中，米該亞（彌迦）先知點出了渺小和偉大的對照，這在聖經中扮演一個重要的角色，所以很感動孩童們（參閱第八章）。

我們給孩童們呈現這些舊約聖經章節，並不是要引導他們進入舊約，因為我們說過，要進入舊約，必須具有對歷史的敏感度，那不是六歲以下的幼童可能擁有的。我們的目的在於，提供孩童容易捕捉的醒目圖像和表述。之後我們會指出，默西亞的一些稱號是如何滋養了孩童的祈禱（第七章）。

新約：聖子降生

除了這些先知的特殊章節，我們主要還是著重於新約，以比喻和基督的誕生、死亡與復活事件為主。我們強烈限制對奇蹟的討論。對我們而言，耶穌行奇蹟的特殊能力，不應該與他透過教會繼續執行的力量分開，但是到目前為止，已經證實孩童要理解到這個程度是很困難的。另一方面，以我們的觀點，奇蹟本身就容易使孩童們陷於神奇魔法的世界。很多人主張神奇魔法與孩童的宗教心靈是不可分割的；然而，除了被成人帶著接觸神奇魔法的元素，我們不曾在孩童們身上看到相關的特質（參閱第七、十一章）。

要示範耶穌的童年事件[2] 顯得困難許多，因為講述者在講述這些事件時的語言誤用（很多小地方！），就好像那是一些美麗的寓言。事實上，路加筆下的耶穌童年敘事是一種「神學拼圖」——如果我們可如此稱之——聖史用了不同技術所要強調的，是奧蹟的宏偉與高貴。

這些章節具有豐富的神學內容，但其中的神學既不系統也

不精密，幾乎是「隱藏」在經文中。我們所面對的神學與教科書式的神學完全不一樣；它不能透過學術研究來學習，而是靠長時間「聆聽」經文而點點滴滴地累積。它是一種富有暗示、啟發特質的神學。

福音書作者多次影射他們所說的事件與歷史之間的關聯。天上的天使對天主之母報喜，以及牧童們所說的話，基本上都出自先知的宣報。他們邀請我們：(1) 不要害怕；(2) 主鄰近了；(3) 所以要喜樂。我們可以看看[3]，例如索福尼亞（西番雅）先知書這樣說：

> 熙雍女子，你應歡樂！以色列，你應歡呼！耶路撒冷女子，你應全心高興喜樂！在那一天，人必對耶路撒冷說：「熙雍，你不用害怕，不要雙手低垂！上主你的天主，在你中間，他是一位施救的勇士，他必為你喜不自勝，對你重溫他的愛情，且因你歡躍喜樂。」
>
> ——索福尼亞 3 章 14-17 節

這些元素在〈路加福音〉也可以找到：「萬福，充滿聖寵，主與你同在。」及「瑪利亞，不要害怕。」（路加福音 1:28-30）還有之後牧童們所說的話：「不害怕！看，我給你們報告一個為全民族的大喜訊：今天在達味（大衛）城中為你們誕生了一位救世者，他是主默西亞。」（2:10-11）

這些文本很清楚地顯示，透過這樣的暗示，福音書作者要告訴我們或讓我們去發現，他所講的事件與其他一連串事件在一些方面是互相連結的。這些暗示雖然清楚，但並不精確，所

以經文留了空間讓我們去探索和享受發現的喜悅。我們也因而習慣於發現文學體裁中的聖經章節和奧秘的「象徵」。對於幼童來說，我們是不可能和他們談論之前說的這些連結的，也不適合增加舊約章節的數量。儘管如此，瞭解這層關係，可以協助引導者去發現耶穌童年敘事的深遠宏大之處，那對我們而言，或許也不總是那麼顯明易懂。

我們一直在說的〈路加福音〉強調了巨大的對比：有些敘述宏偉得令人驚嘆，有些則指向很簡單的事實。那個嬰兒被稱為「至高者的兒子」、「天主之子」和「主，天主要賜給他，他父親達味的冠冕，他要永遠統治雅各伯家族，他的王國永遠長存」；他是「救世主」，福音書作者稱他為「主」（舊約只為神保留這稱謂）；星辰天上權威圍繞著馬槽嬰兒而移動。可是，關於同一個嬰兒，他同時又說「你會發現包在襁褓的嬰兒」；福音書作者瑪竇（馬太）說，瑪利亞「生了一個兒子，給他取名叫耶穌」（1:25）。這些對照不是沒有意義的，它們帶我們去面對這個孩童的神妙事實：女人的兒子，像我們一樣，以及神的兒子！

引導者跟孩童們訴說時，腦海中必須保有這些對比，讓孩童們感到好奇，因而帶領孩童們去探索：這個嬰孩是誰？我們以這樣的方式讓孩童們習慣，知道聖經章節中含有許多有待發現的內容，需要深度閱讀，不是一下子就能被解密的。這樣一來，我們就能教導孩童在面對天主聖言時要心懷謙卑。

默想和祈禱降生的奧蹟

我們在示範聖經的經文時，記得這三點是很重要的：

1. 我們的導師只有一位，就是基督。
2. 我們提供聖言的方式，是要讓孩童直接接觸經文。
3. 我們和孩童一起分享這份接觸。

冒著複述給自己聽的風險，如果一位引導者前面有十五個孩童在聽講，事實上他有十六個聽眾。請謹記以上三點，很顯然的是，成人必須小心不要用自己的話來敘述經文，或企圖為聖經經文作序。更糟糕的是擅自對經文內容加以美化或加上膚淺的情緒，這會從聆聽者身上剝奪聖言本身的能量。一位墨西哥引導者在自己的善牧小室日記裡如此譴責自己：「我向孩童們示範，但我沒跟著孩童們一起接受它。」

在讀經之前，我們唯一要說的是：簡單介紹我們要給孩童們聽的經文，指出一些經文中孩童們不熟悉、卻特別重要的段落。例如，「聖母領報」這個事件，我們可以從這裡開始：「我們跟整個教會一起處在一個特別的時刻，等候並準備聖誕節的到來。我們是在慶祝誰的誕生？」我們也可以問一些思考性的問題，例如：「天主會為耶穌選一位特別的母親嗎？我們已經知道她的名字了嗎？讓我們從聖經聆聽天主的話，聽她怎麼發現自己要成為耶穌母親的。」

我們也應該讓自己習慣「生活」於讀經中，意思就是，讓自己融入聆聽和回應經文中[4]。在聆聽之後進行反思，就是為了這個目的；例如：「天使傳報給天主之母的訊息也傳給了我們，那我們要如何回應？瑪利亞表達她的喜悅說『我的靈魂頌揚上主』，她的喜悅也是我的喜悅，這是『給萬民的喜樂』。我要怎麼表達呢？牧童們是第一批知道救主已經誕生的人，『他是主基

督』。他們去尋找他，並發現『一個嬰孩躺在馬槽』，他的母親在他旁邊。牧童們很驚喜，光榮讚美天主。賢士們長途跋涉來到馬槽，他們在嬰兒前跪下朝拜，並給他帶來禮物。現在我們也圍繞著馬槽，我也在那裡，我們要做些什麼、說些什麼呢？」

為了幫助和支持個人的祈禱，我們介紹一些祈禱範例。每段童年敘事都包含了一個祈禱：我們從天使對天主之母的話開始，就是「萬福瑪利亞」；聖母探訪依撒伯爾（以利沙伯），是「我的靈魂頌揚上主」歌（謝主曲，聖母頌詞）；基督誕生，是「光榮頌」；耶穌現身於聖殿時，西默盎（西緬）的祈禱是「主啊，現在可照你的話」，接下來是對基督之光隆重的頌讚，這部分可以交給孩童們來進行：

作為啟示異邦的光明，你百姓以色列的榮耀。

——路加福音 2 章 32 節

給孩童們示範這些範例時要很慎重，免得妨礙他們自己的個人祈禱。例如，我們說到「我的靈魂頌揚上主」時，就只限於第一句：

我的靈魂頌揚上主，我的心神歡躍於天主，我的救主。

——路加福音 1 章 46-47 節

我們給孩童一些像這樣的經文段落，作為諸多回應神的範例。這只是給個人祈禱拋磚引玉，讓每個人都能在心中找到自己的言語，來回應那位跟他說話的神（參閱第七章）。

在示範比喻時，閱讀聖經經文之後的反思，通常會導向默想，然後再透過默想導向祈禱。閱讀和聖經歷史事件相關的經文，是進入個人祈禱的直接管道。在示範與基督誕生相關的段落時，很容易發展成真實意義上的慶祝：例如，在將臨期在先知的宣報之後，我們可以鼓勵舉行一個「等候的遊行」，孩童們可以帶著聖母的模型或空的馬槽來遊行。

在聖誕節期，可以舉行聖母和聖嬰的遊行，或是在讀到福音相關的經文時，搭配把嬰孩耶穌的模型放進馬槽裡。聖誕節之後，有類似主顯節的慶祝，就可以奉獻黃金、乳香、沒藥和其他一般的禮物。在其他時候，幼童由年紀大一點的兒童協助，可以將童年耶穌的相關敘事用戲劇方式展現。

在示範耶穌童年時期的經文段落時，要給孩童做的個人工作需要教具，孩童在進行關於描述耶穌童年時期的個人工作時，需要教具，是由一系列重塑場景的迷你模型組成，或是立體透視的模型，一個立體模型對應一個事件，例如，馬槽用於耶穌誕生、瑪利亞的家用於聖母領報，這些孩童們可以小組進行，也可以個別進行。

準備這些教具時，其標準要與示範比喻的教具不同：模型都是 3D 立體的，對這些事件中的人物也要仔細探究，不要只限於經文中的敘述，這樣可以讓場景更加生動。「比喻」和「歷史事件」之間的差別必須清楚顯現，在教具上也是。重現耶穌童年時期經文的教具，可以協助還不會閱讀、也無法藉此回顧聖經內容的孩童們。年紀大一點的兒童也有他們自己的教具，一套聖經小冊，一冊對應一個事件，孩童們一邊念經文一邊同時製作場景。我們給孩童示範的事件有：聖母領報、聖母訪

親、牧童朝拜、賢士朝拜、奉獻於聖殿、逃亡埃及，這些是給年紀大一點的兒童使用的。

　　孩童們在他們的祈禱中，展現出他們滲透降生奧蹟的深度。例如，六歲的卡洛在馬槽前祈禱說：「我對他說：阿肋路亞（哈利路亞），全能的天主。」這樣的用詞警告我們不可對孩童使用「可愛的兒語」，我們不要低估他們「大」的學習與吸收能力。我們觀察到我們是多麼容易講「小孩話」，而孩童們卻說「全能的天主」。

　　在孩童們的圖畫裡，他們也不會自我限制在馬槽上，反而給予神學上的詮釋。圖36，在馬槽旁邊的人物代表的是聖神。圖37的小畫家達成了一個很有趣的綜合：用復活蠟表達誕生和復活的連結，接著用聖洗的標記——白袍和聖洗十字架——連到我們參與奧蹟。這兩張畫都是約十一歲孩童的作品，他們住在非洲查德的草原上。同樣是聖誕與復活的連結，圖38、圖39、圖40則是由五歲孩童們在羅馬不同的教理中心在聖誕節期間所畫。

　　值得注意的是，這些畫普遍用黃色代表喜悅，以及在十字架上活著的耶穌。四歲的朱利歐所畫的圖（圖47）描繪的是最後晚餐，卻有一顆聖誕星星占據了很大空間。五歲的阿柔拉畫了兩根點燃的蠟燭放在小耶穌兩旁，以此模仿祭台，鮮明地呈現了耶穌誕生和默西亞的連結（圖44）。

　　在一些圖畫中，孩童們把孩童耶穌和善牧連結在一起，我們再次看見孩童們並不局限於事實表面（圖41、圖42），而是透過事實表面，他們靜觀基督這個人的奧秘。更出色的是圖46的孩童耶穌「夢見」祭台，我們在其中看到誕生與彌撒的連

結。在一幅聖誕主題圖畫中，五歲半的亞比畫了發光的嬰孩耶穌——光、耶穌和復活基督、善牧、餅、酒的連結（圖 45）。

聖經地理學

我們認為，有可以重現歷史事件之地理位置的教具是很重要的，能讓孩童們知道如何定位這些事件的發生地點。教具可以幫助事件具體化，也能強調出耶穌是「真實的人」的事實。所以，我們會展示一個地球儀，上面所有的陸地都用白色顯示，只凸顯了一個極小的紅點——以色列的地理位置。為了示範耶穌生命中所有的重要事件，我們自己動手把以色列做成立體的地貌模型。

對於幼童，我們讓他們去感覺陸地的地形，簡單注意到草原、山和山谷、沙漠、水道。接著，我們簡單指出三個主要城市的名稱，凸顯耶穌生命中三大事件：納匝肋（拿撒勒），在那裡天使向瑪利亞報喜，她會因聖神的德能而懷孕；白冷（伯利恆），在那裡耶穌誕生在馬槽；耶路撒冷，在那裡他死和復活。之後我們給孩童們一個拼圖地圖，附上以色列四個地區的名稱，告訴他們耶穌長大之後，他到這四個地區旅行、分享天國的福音。

年紀大一點的兒童們可以進一步深入地理上的細節，例如其他城市、地形特色，以及與耶穌事工相關的地標。我們依據一般地理教學的步驟，因為我們對以色列這個國家的興趣主要在於它的歷史；所以說，地理仰賴歷史。

關於從復活至聖神降臨的事件，我們專注於學習耶路撒冷這個城市。我們建了一個適合孩童們使用的城市立體模型，

建築和城牆是可移動的；它們可以在硬紙板上分開、組合，做出精準、高出地表的立體模型。這就是孩童們學習最重要的事件——受難、死亡和復活——發生之地理位置和名稱的方式。

　　至於耶穌受難的事件，我們限定自己只指出幾個地點：晚餐廳（馬可樓），蓋法（該亞法）的家，安東尼亞塔（Antonia Tower）、橄欖園、加爾瓦略山（各各他山）和復活的墳墓。

　　聖經經文詳述了受難的始末，但是我們相信，這些經文不應該示範給孩童們。有些時候這些經文描述了太恐怖的細節，我們無法承受那些恐怖行為加諸於自己所愛之人身上，那我們為什要沉溺其中，尤其被那樣對待的是耶穌？我們是在冒著激發不該激發的情緒的危險。因此，我們專注於最後晚餐[5]、死亡和復活[6]以及聖神的恩典。

　　最後晚餐的示範，和之前談到的彌撒整合在一起，與覆手的手勢特別有關係。在示範最後晚餐時，我們強調耶穌要永遠與人們同在；所以我們專注於他祝聖的經文，這些經文表達了他的心願，明白述說了餅與酒的最終目標，象徵他永遠在我們當中，並且持續地介入人類的生命。

　　孩童們在進行「最後晚餐」的個人工作時，所用的教具包括一組木製的情景重現模型：晚餐廳、一張桌子、耶穌和宗徒（使徒）的 3D 立體模型、餅、酒和福音書。我們讀〈馬爾谷福音〉（馬可福音）十四章十二至十七節與二十二至二十四節，但省略猶達斯（猶大）出賣耶穌那一段，那會給幼童太強烈的烙印。孩童們依照熟悉的方式使用教具，一邊讀福音手冊，一邊挪動人物模型。

最後晚餐是另一個很容易導向慶祝的事件，幼童們和年紀大一點的兒童們可以一起慶祝*。十二人小組的孩童們圍在桌邊，每個孩童都選一個宗徒的名字，並推舉一個孩童負責說耶穌說的話。因為孩童年齡的差異，可以先寫好這些話，並依據猶太人的逾越晚餐來進行。晚餐之後，一個孩童唸簡短的耶穌受難與復活史。之後接著進行：把十字架、點燃的蠟燭拿到桌上，把桌子變成祭台；孩童們擴大他們的圓圈，包括所有在場的人。孩童們通常會圍在他們即興創作的祭台邊，並且停留很久，隨興而自然地表達他們的祈禱。

死亡與復活

到了來說說基督的死亡與復活的時候了，這也是善牧比喻扎根於歷史的時刻。我們已說過，孩童們是如何能直覺地捕捉比喻中的復活意涵。善牧具有人類的性情，而他始終如一的態度，則在他死亡之時以特殊的方式具體地展現出來。

關於基督死亡的敘述，有好幾個理由讓我們採用路加的版本（23:33-49）。我們發現，路加主要強調了對照：他記錄耶穌受凌辱，對照耶穌的王權（23:37-38、23:42）。耶穌是神秘王國的王——小的連我們都難以看見的芥子（芥菜種）王國的王。他也是十字架上的王。路加引述了耶穌寬恕的話，證明他有促使人悔改的力量，因而改變了右盜和百夫長——這是孩童們最有感覺的元素。

當然，我們選擇了路加，但並非排斥其他的福音書作者。

---

* 這幾年的慣例是將這樣的慶祝保留給六歲以下的兒童，因為這樣的重新制定在發展上更合適。

〈若望福音〉（約翰福音，19 章 17-30 節）給我們呈現了外邦人（士兵）上場的機會，他和猶太人（天主之母、若瑟〔約瑟〕）一起在十字架下，因而再次強調出這個事件的普遍性（只示範給較大的孩童們），我們每個人都分擔了基督死亡的責任。

　　然而，宣告基督的死亡，絕不可與宣告他的復活分開。我們深信這兩個事件要連結在一起，不能只停留在死亡，即使是短暫的片刻也不行。只要思考一下就知道，復活緊接著死亡，這是眾所周知的事實。是的，眾所周知，但是事實上人們習慣強調的常是死亡，所以產生了死亡重於復活的偏差。我們要給的震撼宣告是復活，這也是我們必須聚焦的部分。

　　死亡是一件普通的事，很多人為了他們弟兄的愛也有勇氣面對死亡。最新、最重要的一點是，在耶穌身上，緊接著死亡的是革新、永生的生命。我們覺得很難領會的是，基督的生命勝於死亡的事實。對我們而言，要讓苦難的敘述和復活的敘述保持平衡，避免冗長的苦難敘述是恰當的。

　　至於復活的聖經章節，我們覺得再度選擇路加是合適的，尤其是其中強調的一些章節：「你們為什麼在死人中找活人呢？他不在這裡，他復活了。」（路加福音 24:5）我們也讀若望的敘述，因為他的描述生動，也寫出了伯多祿（彼得）的重要性。

　　和示範耶穌的童年敘事一樣，逾越事件的示範也要遵循這個順序：

1. 簡短地介紹：依據禮儀年，瞭解我們所處的時間點、我們要聽的聖經事件，要同時參考的是以色列或耶路撒冷城的地貌模型（如果已經開始做了）。

2. 鄭重地宣讀聖經的經文。

3. 和孩童們一起反省／默想，「點燃」這段經文中的重要元素，順勢進入自發性的祈禱。

4. 提供教具，協助孩童繼續反思和吸收經文。

然而，這兩者之間是有區別的。正如我們已看到的，比喻特別引人進入默想，並透過它來祈禱；童年敘事更直接進入個人和自發性的祈禱，逾越的事件則促使孩童們進行較有組織性的慶典。所以豐富的逾越慶典禮儀，常回溯聖週和復活三日慶，這成了直接進入教會禮儀的入門。

燭光禮

死亡和復活的宣報，特別活現在孩童們的「燭光禮」中（參閱第七章），透過光明與黑暗的對照，使我們戲劇性地深入善牧生命中最根本的事件。基於觀察了不少孩童們的圖畫，我們可以說，燭光禮遠勝於歷史的軌跡——意思是說，孩童們再一次「神學地」詮釋這些事件，而不是在時間軌道上去說故事。

五歲的瓦里歐在畫紙的右邊畫了十字架，其他部分都是閃爍的光（圖43）。羅伯托所畫的人物，是「被釘十字架的基督」和「復活的主」，他用兩個方式表達：復活蠟，以及基督的光；一個男孩和一個女孩分享了基督的光，圖中還有文字說明：「男孩手持蠟燭。他有著復活耶穌的生命。」（圖31）注意，被釘十字架的基督是畫在紙張的下方，復活蠟置於旁邊，而復活的耶穌則充滿光芒，佔據了紙張的上方。在很多其他的圖畫中，孩童們根本就忽略歷史事件的描繪，只畫了蠟燭。

聖神（聖靈）降臨

當我們來到聖神降臨（五旬），接近善牧教理課程年度的尾聲，孩童們對聖神已經有了某種深度的熟悉感。我們說了，我們的善牧教理課程是以基督為中心，但是顯然地，是聖三（三位一體）的基督。聖父的位格特別透過彌撒彰顯榮光：在彌撒中，聖父賜給我們基督臨在的恩典，而我們向聖父獻上我們的感恩。我們也在特別關於聖母領報（聖父差遣使者）的部分談到聖父，還有在我們示範聖洗聖事中所劃的十字聖號、所用的聖事用語等等當中也都有談到。

關於聖神，看見孩童們靈巧地進入與聖神的關係中，頗令人感動。孩童們明顯地知道聖神的工作，他們在重要的時刻自然知道如何辨識。孩童們透過耶穌的生平認識聖神——透過聖神，耶穌誕生和從死亡中復活，孩童們也從聖祭禮儀和聖洗聖事中認識聖神。所以孩童們知道，聖神在耶穌基督身上和在教會內部持續地工作。

六歲的芙蘭嘉在她的圖畫「復活基督」的背面寫道：「聖神使耶穌誕生。當他復活時，聖神給他更多的光。好女孩到天堂，聖神也把光給耶穌的羊。」孩童們對聖神特別有感悟的是，看見聖神在聖祭禮儀中的臨在。談到這一點，蒙特梭利稱之為「爆發」：從這個重點開始，孩童們之後會輕鬆自在地知道聖神的其他顯示。

所以，聖神降臨的教理課程並不會困難。對六歲以下的孩童們，我們做簡單的慶典，慶祝包括簡短敘述耶穌從死者中復活，並且顯現給他的門徒們，幫助他們瞭解他真的活起來了。

我們也瞭解到他曾做過的許諾，他會到父那裡，父會送來更大的禮物——聖神。

在慶典中，有兩段最重要的經文，一段是〈宗徒大事錄〉（使徒行傳）二章一至四節（描述聖神降臨當天的狀況）和〈依撒意亞〉（以賽亞書）十一章二至三節（指出耶穌的神的七個禮物，這是他要跟我們每個人分享的）。為了這些禮物，我們點燃七根紅蠟燭。如果有年紀較大的孩童在場，我們也會邀請他們從紅蠟燭上點燃他們手上的白色小錐形蠟燭，代表他們最想要接受的禮物。在年紀較大兒童的善牧小室，在慶祝之前，他們會先進一步思考兩篇讀經的意義和七個禮物每一個的特質，附加的教具則是晚餐廳的模型和名稱是《聖神降臨》的紅色聖經小冊。

在結束這一章前，我們要說，示範聖經時（不論是比喻或是歷史）千萬不能與祈禱分離，無論是有組織的祈禱或隨興的祈禱。當訊息被接受了，宣講才算完成，無論以哪種形式，包括引導者的問題和孩童們的回應。

關於這一點，我們以下引用一位引導者的日記（在羅馬卡西里納的第一堂課）中的案例，來說明聖神在孩童們討論中的分量。

問：是誰把生命還給了善牧？
答：聖神（一個女孩立即篤定地回答）。那是給我們喜悅的
    新生命……的光。
問：然後，耶穌去哪裡了？
答：當然去了天堂，帶著美麗的生命。
問：可是，他要自己獨自一人在那裡嗎？

答：跟父……聖神……也和羊……聖母……羊群應該跟隨
　　善牧。

問：羊群怎麼到天堂呢？

答：聖神也幫助我們到天堂（一個女孩的話）。聖神帶給我
　　們耶穌的生命。

問：聖神什麼時候帶給我們？

答：我們領受洗禮的時候……可是當我跟耶穌在一起的時
　　候，他也給我……當我在教堂祈禱的時候。

問：聖神在教會、在聖體龕裡，這個我們都知道，那在聖
　　體龕裡面有什麼？

答：有耶穌！耶穌和聖神從不分開。耶穌和聖神在我們心
　　中……你不會看見他們。

問：誰可以找到他們？

答：有注意到的人。

問：我們怎麼注意到呢？

答：用心……也用我們的生命……去想和聆聽聖神的話。

答：如果一個女孩很安靜地在自己的地方，她就可以聽見。

　　接下來是「聖神降臨」的課程，因為我們已經遲了，最
後孩童們建議我們在靜默中重新安排後面的事情，然後在靜默
中離開，這樣他們可以聽見聖神。如果有孩童的母親還沒來接
人，他們就在旁邊等候。

第七章

祈禱

由赤子乳兒口中，你取得完美的讚頌。
——聖詠（詩篇）8 篇 3 節

在孩童的生活中，祈禱顯得特別重要，因為他們在這個領域展現出極佳的能力；又因為他們尚未完整地參與彌撒，祈禱便成為滋養受洗後生活的管道，同時為孩童做準備，以便讓他們積極地參與彌撒——彌撒就是至高而完整的祈禱形式。這也是為什麼祈禱對孩童而言特別重要，祈禱教育是幼兒教理課程的根本。

如果我們要教孩童祈禱，我們應該先察覺他們「如何」祈禱。成人和孩童在宗教生活上的差異（在第二章已提過），阻止我們把自己的祈禱準則強加於孩童身上。否則，我們就是冒著將孩童帶上不屬於他們道路的風險；可能會抹滅孩童自主表達與神關係的機會，也可能讓孩童認為祈禱時要說一些固定、卻言不由衷的話，如此一來，我們會把祈禱和孩童的生活分離。

成人再次看見，自己需要退一步，才能讓孩童如實地表達自己。如果可能的話，成人可以搜集孩童的祈禱。我們觀察到，孩童對祈禱駕輕就熟；我們發現他們隨時都可以祈禱，祈禱可能是他們特別著迷的時刻。瑪麗亞·蒙特梭利回憶說，中午時刻，當教堂鐘聲響起時，她懷中抱著十八個月大的女童，慢慢地祈禱：「萬福瑪利亞，妳充滿聖寵。」女童回答說：「好美，再說一次。」她鄭重地用同樣的話語祈禱好幾次，最後女童說：「好美，我回家要唸給媽媽聽。」我們前面提過的史迪娜，她在結束自己的祈禱時會說：「我的身體很開心。」

祈禱對孩童而言，不只限於口頭的表述，他們生活在聖詠的話中：「主，為你靜默是讚美。」（聖詠 65:1）跟孩童一起祈禱，有時候能經驗到如此豐韻的靜默！將之稱為真正的默觀也不為過。

孩童如何祈禱

　　孩童在祈禱時，常用寥寥數字，簡短或重點表達。在這裡，我們從兩個不同的教理中心，收集了兩個不同群體孩童的祈禱。這兩個案例中的禱詞，是由坐在孩童附近的人所錄音記錄的。

　　以下是羅馬的歐爾錫尼（Via degli Orsini）教理中心所提供，在第一次的洗禮示範之後，孩童們的禱詞：

為了光，謝謝你。（史迪娜）

謝謝你，耶穌，給了我們心。

謝謝你，給我們生命。

謝謝你，創造了世界。

謝謝你，耶穌，給了我和每一個人生命。

謝謝你，耶穌，創造了每一個人和給我們生命。

謝謝你，耶穌，也造了我們的房子，下雨的時候我們躲在我們的房子裡。

謝謝你，耶穌，給我們施洗了。

謝謝你，給我們大家生命。

謝謝你，耶穌，使我們誕生在羊群裡。

謝謝你，給我們美麗的禮物。

謝謝你，給我們禮物。

謝謝你，創造了每一個人。

謝謝你，耶穌，創造我們在羊群裡。

謝謝你，耶穌，當我們死了我們去天堂。

謝謝你，耶穌，常常給我們光。

謝謝你，耶穌，從天堂送光給我們，送到我們心裡。

謝謝你，給我們麵包。

謝謝你，給我們所有的東西。

謝謝你，給我們酒和水。

謝謝你，耶穌，給我們吃的食物。

謝謝你，創造植物和麥子。

謝謝你，也造了肥皂。

謝謝你，耶穌，使我們強壯和美善。

謝謝你，使我們能工作。

謝謝你，帶領我們進入我們美好的羊群。

謝謝你，因為我們是你的羊。

謝謝你，來到我們心中。

我的身體很開心。（史迪娜）

以下的祈禱，來自羅馬的露德聖母中心，同樣也是孩童們在洗禮示範之後的祈禱：

耶穌，你給我們光。

耶穌，我全都是你的。

謝謝你，給我們禮物。

謝謝你，給我們美麗的禮物。

謝謝你，為所有的一切。

謝謝你，創造了我們。

謝謝你，給我們禮物。

謝謝你，耶穌，因為我是你的羊群中的其中一隻。

謝謝你，耶穌，帶領我們進入羊群。

耶穌，我要成為好的。

謝謝你，耶穌，常常尋找我們。

謝謝你，耶穌，因為你使我成為你的羊群中的其中一隻。

我祖母死了，但是我很高興她跟耶穌在一起。

　　像這樣的例子很多。我們可能期待滔滔不絕且有結構性的祈禱，但孩童給我們的只是祈禱的微光。有時候就像這樣，每個孩子表達他個人的祈禱；一個孩童和另一個孩童的祈禱中間，通常有一段較長的靜默空檔，成人碰到這種狀況會誤以為祈禱結束了。成人要學習等待，並且要承認靜默也是一種祈禱，在靜默當中，口述的禱文才得以發芽。成人要學習尊重孩童的節奏，比我們慢很多。

感恩與讚美的祈禱

　　從這些例子來看，顯然地，提供孩童冗長的現成禱文是多麼大的錯誤，有違孩童的表達方式。直到七至八歲，孩童的祈禱幾乎全是感恩與讚美的祈禱，若是成人試圖帶領他們進行求恩祈禱，這會誤導、混亂孩童的宗教表達。因為孩童不認為自己需要求些什麼，他們知道自己平安地處在某種良善之中。

　　這裡還有一些例子，是四到六歲孩童祈禱的錄音：

　　·耶穌很帥，他很帥！

　　·耶穌，你把光放在我們心中，它比太陽還美、還大。

・你是用愛統治的國王。

・耶穌，你是永遠活著的樹，所有的今天，所有的明天。

另外一個孩子用義大利語的韻文來祈禱：

耶穌，你偉大，你美善，你帥氣：對我來說，你是個珍寶。（*Gesù, sei grande, sei buono, sei bello: tu per me sei un gioiello.*）

五歲的艾瑪努拉帶領一群約三十人、從一到六歲的孩子祈禱（照片 6，在阿黛爾・科斯塔・諾奇的兒童之家）。最令人印象深刻的，是她用歌唱的方式祈禱時，在那之間的靜默：

耶穌給了孩子們，

他創造每一件東西，

他把生命給了父親和母親。

每個人都有生命，

耶穌復活了，

每個人都有生命。

耶穌復活了，

每個人都善良。

因為天主這樣說，

因為天主對每個人這樣說，

然後祂說：有孩子，

然後有父親，有母親，

然後也有父親。

因為耶穌是良善，是好的，

因為他把生命給每一個人，

每一個人——他給了生命。

天主說：光，

光就被點亮了，

祂說：這是我的光。

天主創造，天主的受造物，

和所有有姓和名的孩子，

祂創造耶穌。

耶穌再見。

　　另外一個四歲孩童的祈禱：「耶穌，謝謝你，當我們小的時候，你給我們穿上白袍。」還有一個來自三歲男孩的綜合讚美祈禱，錄自三歲男童之口：「美善，光，阿們。」

　　有些來自羅馬地區科隆納村的孩子，一起做感恩祈禱，內容包括世界所有的美善，從最超越的到最日常的：

耶穌，你是我的牧者。

你是我的救主。

耶穌，你是我的父親。

你是我的朋友。

耶穌，你是世界的王。

耶穌，你幫助我，謝謝你。

耶穌，謝謝你，給了我這些東西。

耶穌，謝謝你，使我們活著，讓我們能跟朋友玩。

耶穌，謝謝你，創造了我們。

耶穌，謝謝你，給我們爸爸和媽媽。

耶穌，謝謝你，給了我們這麼多教堂，使我們有文明並成為基督徒。

謝謝你，給了我們所有的力量。

謝謝你，給了我們這麼美麗的天空，這麼美麗的星星。

謝謝你，給了我們腳，可以走路、踢足球。

謝謝你，耶穌，給了我們堂弟堂妹、表弟表妹，還有哥哥。

孩童們的祈禱繼續表達感謝，感謝主賜給我們能吃的口、能摸的手，給我們阿姨、有趣的遊戲場、祖父母、可以學習很多東西的學校和老師、可以治病的藥、可居住的房子。這些最後總結為：

謝謝你，天主，讓我們生活在這個世界，

使我們活得像有文明的人。

在聽完聖神降臨的敘事之後，一群五到六歲的孩童把以下的祈禱唸給引導者聽，並記錄下來，以便之後在教堂唸出：

聖神（聖靈），請來，

給我們力量，使我們快樂。

我們謝謝你，給我們施洗。

主，請來，

我們用廣大的心等你，

給我們力量，使我們常懷有希望。

要寧靜，

因為聖神要來。

謝謝你，聖神，

我永不再把你從我心中趕走。

聖神，請來，

把你的愛放在我們心中，

以及每個人心中。

以下祈禱是另一群四到五歲的孩子，為了同樣的目的：

親愛的耶穌，你是我們的國王，你真好。

你是我們的牧者。

你是天主子。

你是瑪利亞的兒子，她也是我們的母親；

她很棒、很漂亮，她降福我們，教我們如何祈禱。

你是我們的救主。

謝謝你，創造者，什麼都給我們，海洋、小鳥、所有美麗

的東西。

謝謝你，給我們食物。

我非常愛你，因為你是牧者，我們是你的羊。阿們。

在祈禱中，孩童同時表達了神的崇高和可親。他們的祈禱
中常出現比較級：「你的光比世界大。」、「你給我在世界其它地

方都沒有的喜悅。」、「耶穌，甚至雪也不比你的靈魂白。」但孩童也說：「耶穌和我們一起做事。」

兩個五歲的孩童一起祈禱，一個說：「謝謝你來到我們心中，因為現在我們可以在心中向你祈禱。」另一個繼續說：「是的，他真是好伴侶，我們永遠不會孤獨。」在奉獻時，他們也表達了與神連結的喜悅：

> 我寧願把世界上所有最美的東西給你，
> 我給你我的整個世界，那就是我的心。
> 耶穌，晚上睡覺之前，我要給你一件金色的禮服，
> 充滿花香，可是它只是給你的，全給你。

一個女孩轉向小耶穌說：

> 我要給你造一個黃金小屋。

一個很少見的求恩祈禱（五歲的孩童）：

> 耶穌來，把你的光灑在世界上。

以下敘述一個三歲半的孩子克勞蒂亞（羅馬，阿黛爾·科斯塔·諾奇的兒童之家）的經驗，這是一個珍貴的案例，顯示孩童有能力延長祈禱的時間：

這個女孩陪伴客人去善牧小室，給客人描述室內的擺設；然後孩童坐下，拿起一本福音小書，假裝在閱讀。訪客站在小

祭台模型旁，雙手合起來，克勞蒂亞問客人：「為什麼你把手合起來？」客人答說：「因為我在祈禱。」克勞蒂亞回答說：「那就跪下。」客人聽從了，然後女孩轉向她，建議她祈禱的話：「主，上主，」克勞蒂亞開始祈禱：「上主是我的牧者，我什麼都不缺。」中間配上靜默。就這樣，持續了將近十分鐘。這時訪客心想，自己在場可能會影響孩童，就退到另一個可以聽見孩童聲音的房間，偶爾也可看見孩童而不被孩童察覺。

　　克勞蒂亞繼續祈禱，根本沒注意到客人已離開。孩童重複地輕聲唱道：「上主是我的牧者，我什麼都不缺。」中間穿插著長時間的完全靜默。只有一次她改變祈禱的話，拿著附近裝在相框裡的圖像，她打開說：「嗨，耶穌你好嗎？」之後她又回到〈聖詠〉的話。某一刻，一個男孩打開善牧小室的門，然後關上，發出很大的響聲。克勞蒂亞站起來走到門邊，開門說：「慢慢關門。」她又回去祈禱，一樣是禱文與靜默穿插著。

　　令人難以相信的是，克勞蒂亞持續祈禱了約一個半小時，之後她離開善牧小室，她所顯露的喜悅證實了她的滿足，她去擁抱引導者（這不是克勞蒂亞平常會做的事），她對引導者說：「我祈禱了好久！」

神奇性的禱告

　　如果孩童的祈禱是以感恩和讚美為主，就不可能帶有神奇性，我意識到我的這個說法與該領域知名學者的觀點大為迥異。然而事實上，在超過二十五年的觀察中，我並未在孩童身上看到任何「神奇性的禱告」——也就是扭曲神的旨意來符合自身利益所做的祈禱。值得注意的是米拉內西（G. Milanesi）

長期研究這主題後所做的結論：

　　這麼臆測並不過分，在較為自由教育的風氣引導下的孩童，對神奇魔法的興趣顯然較低。結論是，神奇性的想法較合乎那些或多或少有所失調、不滿足或不完整的人，是種不成熟的症狀，而不是正常發展的指標。[1]

　　因此，某些學者要我們假設，孩童對神奇魔法所展現的傾向，並不表示他們無法達到更高的程度。相反地，神奇魔法所展現的是一種偏差的表現，是一個與神會晤而感到不滿意的指標，或者更貼切地說，是神的面貌（the person of God）被呈現的方式沒有讓孩童感到滿意。因此，我們要捫心自問，許多人在孩童身上看到的神奇魔法的傾向，是否來自於宣講福音的態度不夠「令人感到釋放」（按照米拉內西的用詞），也有可能來自於許多成人慣於帶領孩童進行求恩式的祈禱。

如何協助孩童們祈禱

　　如果這是孩童祈禱的現況，那成人可以怎麼做？很清楚的是，我們會傾向說「祈禱教育」而非「祈禱」。「教」祈禱時，我們並沒有經常把孩童引進祈禱，也就是透過某種內在靈活性（interior agility）令人心歸向神，以聆聽與回應神。祈禱是人神關係中個人化與悉心呵護的表現；事實上，沒有一個人可以真正教他人怎麼祈禱。

　　本書中所闡述的論點，並不是為了給予精確的指引，讓我們可以照本宣科；比起其他重點，在祈禱這一塊，教理引導者

更要能夠由衷地尊重奧秘與孩童，尊重孩童的敏感度與創意。

　　從我們的觀點來談，成人可以預備能夠引發祈禱的先備條件，盡可能是間接的先備條件，以容許孩童更大的空間做個人化的回應。

宣講的重要

　　祈禱是在祈禱者回應之前先聆聽神，所以我們相信「宣講」（Kerygma）是祈禱入門的出發點。

　　我們可以說，在教理課中，我們和孩童們一起的所言所為，都是進入祈禱的準備——只要這些言行可以促進與神的會晤，協助我們更意識到自己所接受的禮物而引發回應。我們可以說，在我們與孩童們的聚會中，每一次宣講的主題都從聆聽轉變成自然自發的祈禱。「宣講」的內容越豐富、越活潑，孩童就會更喜悅、更驚奇地迎接宣講，孩童的回應也更形豐富。缺少了宣講，或是只接收到貧乏或「極小化」的宣講，祈禱便會變得空洞而沒有生命。

　　所以，宣講是教理引導者帶給孩童祈禱所需養分的方式：有關天主聖言的知識、祂對人類所做的偉大事蹟，讓孩童去發現自己的回應。常常接近孩童的成人，其使命是善用上述所提到的內在靈活性，將日常生活中的喜悅、好消息或高興的事件轉變為祈禱。

　　教理引導者和家長的使命相異、但又相輔相成，若沒有家長的協助，祈禱會因過分專注於神在人類歷史中的偉大事蹟，而有脫離孩童日常生活的危險；若沒有教理引導者的協助，祈禱則有可能因為太局限在個人化的範圍內，而顯得貧瘠。

祈禱的範例

當我們談到祈禱的表達時，就得談談祈禱的範例。給孩童祈禱的範例好嗎？或是應該對幼童完全省略祈禱的範例，以免使孩童不想要做個人化的祈禱？

我們認為，在祈禱教育一事上，祈禱範例可能是一個有用的方法；然而，它不是沒有危險。除非我們確定孩童已有我們提過的內在靈活性，能夠透過祈禱做真實和自發的表達，否則不宜給孩童祈禱的範例。

在不恰當的時候使用祈禱範例，會阻止孩童的個人表達，讓孩童的精神進入睡眠狀態。例如，當孩童聽完善牧（好牧人）比喻之後，孩童被鼓勵祈禱，他回應說：「我要念萬福瑪利亞（聖母經）給他聽。」其實孩童並沒有想要祈禱，但他知道自己必須祈禱，此時他心中會自動說出一些時常重複、卻與他內在心境毫無關聯的字句。在這種情況下，給孩童更多的祈禱範例，無非是用沒有共鳴的字句來增加孩童的負擔，這樣只是把孩童的心送進更深的睡眠而已。

針對如何給予孩童祈禱的範例，我們已做了部分的回答──如果孩童的狀況合適。我們也說過，孩童們用簡短的句子祈禱，多言冗長的祈禱範例和孩童的祈禱方式完全相反，會讓孩童迷失在一大串文字裡，只是重複與內在毫無關係且不知其意的字句。瑪麗亞・蒙特梭利寫道，十八個月大的女童因聆聽「萬福瑪利亞」而著迷，因為它非常簡短。這就是為什麼我們只給孩童幾個字，只有如此，才能與孩童一起成長。

對於初次遇見善牧的幼童，我們只給一句〈聖詠〉中的

話：「上主是我的牧者，我什麼都不缺。」然後，我們一點點地逐步增加以下的話：〈聖詠〉的第二部分，雖重複了第一部分的內容，但是以歡樂的情緒，這個我們保留到後來再給。

> 在我對頭前，你為我擺設了宴席；
> 在我頭上傅油，使我的杯爵滿溢。
>
> ──聖詠 23 篇 5 節

這一節特別適合作為初領聖體（聖餐）的準備，也常與彌撒的示範相連結。我們把這簡短的章節提供給孩童，他們就可以聆聽，並開始轉化為自己的，如果孩童已經會寫字，他們願意的話可以抄寫下來。我們不教孩童背誦以免壞事；藉著重複那些吸引人的章節，孩童自然能夠背下經句。

我們的習慣，只有在與宣講連結時，才給孩童祈禱的範例，以便回應神要我們知道的訊息，但這只是回應的諸多方式之一。我們鼓勵孩童進行自己的個人回應（參閱第六章），例如，在慶祝燭光禮時，我們奉獻〈聖詠〉二十七篇一至二節：

> 上主是我的光明，我的救援，我還畏懼何人？
> 上主是我生命穩固的保障，我還害怕何人？

然後我們和孩童一起反思：「這些話語曾經是虔誠猶太人的禱詞，那今天我們要說什麼？」這一章剩下的幾節，內容含有戰爭圖像，以色列人宣誓他們對神的信仰，這個部分我們只講給年紀稍長的孩童聽。

　　我們用類似的模式給孩童偉大祈禱文的範例，例如〈天主經〉（主禱文）。對於首次接觸天國比喻的年幼孩童，我們建議可以這麼說：

　　我們的天父，
　　願祢的國來臨。

對那些已開始對道德課題感興趣的較大孩童則強調：

　　求祢寬恕我們的罪過，
　　如同我們寬恕他人一樣。

　　以上建議的祈禱文，可以用唸的或是用唱的。
　　當我們用這樣的方式向孩童提供祈禱範例，有助於豐富他們個人祈禱的表達，充裕他們的圖像和語言。即使孩童喜歡聽同樣的話，我們也得準備廣泛的祈禱範例供他們使用；有選擇的機會，能使孩童對所聽的內容產生內在的附著力。

祈禱的用語

　　關於祈禱的表達，我們認為在用語的程度上也要做一些事，意思是給孩童一些單詞，以便孩童自行建構自己的祈禱文。我們希望在這方面剛起步的研究能繼續且深化。
　　很顯然地，祈禱應該是基督徒整個生活的表述，而且是用日常生活的語言來表達。然而，每個人類活動（無論是內在或是外在層面的活動）皆有其語彙，語彙不同並不會將其區隔開

來，反而能協助表達一體性。當然，如前所述，祈禱範例可能有助於祈禱的表達；可是祈禱範例是已成形的思想，就像一幅已完成的「圖畫」。在給孩童看完成的畫作之前，我們認為可以提供孩童「單一顏色」。事實上，若是提供孩童特定的經文，他們會表現出對語言的特殊敏銳度，例如在依撒意亞（以賽亞）先知書中（9:5）給予默西亞（彌賽亞）的名稱，就常出現在他們的祈禱中：

神奇的謀士，強有力的大王，永遠之父，和平之王。

在與天主之母有關的經文中，我們發現，孩童們感興趣的其他名稱還有：「至高者之子」、「天主子」，以及從〈謝主曲〉中的「全能的」、「神聖者」。

在組織個人的祈禱時，孩童會適宜地應用這些詞彙。這讓我們想到類似「命名」的工作可以給三歲以下的孩童來做，這個時期的孩童正值建構詞彙的時期，並且會熱切地學習新字。

環境

透過外在環境，我們也可以協助孩童的祈禱。作為善牧教理課程的房間，不能沒有祈禱的空間，祈禱空間必須有聖像，對年幼的孩童來說，最好是立體的態像，可隨著不同主題的示範而改變，自然也會隨著禮儀年而更換。從一個禮儀節期過渡到另一個節期，可以更換對應禮儀節期不同顏色的祈禱巾來突顯；更換祈禱巾時，要由孩童自己隆重地進行。

特別的家具，例如小坐墊或祈禱毯（東方習俗），可以鼓勵

孩童獨自留在祈禱區。要讓孩童有機會照顧祈禱區，如插花、點蠟等。我們建議善牧小室中的燈光要可以調整，亮度可調暗，讓孩童可在燭光的氛圍中收斂自己。祈禱區並不能取代聖堂或教堂，可是，這是讓孩童學習祈禱很重要的地方，比教堂或聖堂更適合，因為孩童在這裡感到完全地舒服自在，他的祈禱表達也會更容易、更自然。

事實上，相較於其他地方，很多優美真誠的祈禱都誕生於祈禱區。但有時候，如果擺設的風格與教堂或聖堂太過相似，會阻礙到孩童的祈禱，或是讓孩童覺得在其中比較吃力而難以祈禱。

定時祈禱

關於祈禱的時間，我們認為在孩童一天的生活中，有固定的宗教呼喚（例如飯前、睡前）可能是有力的支持，以免祈禱被遺忘或忽略；然而，我們千萬不要讓孩童產生「只在某個時間點才祈禱」的印象。

我們前面已說過，跟孩童常常在一起生活的人，會有很多跟孩童一起祈禱的機會。在我們的善牧教理課程會議中，我們的觀點認為，在引導者示範之後再接著祈禱，這樣一來，祈禱會成為聽見宣講後的回應。如果我們覺察到孩童想要祈禱，在孩童剛抵達或是回家前，也可以有片刻的祈禱。另一方面，若沒有定時祈禱，記住聆聽也是一種祈禱。

慶祝

有時候，祈禱會以實際的慶祝方式來呈現。這通常有兩種

形式：一種跟教會禮儀緊緊相結合，另一種則是即興的。對於第一種，我們要盡可能忠於教會的禮儀結構，如此一來，慶祝不僅是孩童祈禱的機會，也是一個讓他們主動參與禮儀的機會。

復活節的禮儀特別豐富，我們為年幼的孩童選擇燭光禮。慶祝活動開始時，我們先讓中心的整個房間保持在黑暗中，等孩童來到時，就可以經驗到沒有光、一片黑暗的驚訝，這樣一來，禮儀中光的燦爛對他們來說就會更生動、更滿足。孩童描摹復活蠟上的十字架、「始」、「末」和年分，然後點燃，持著復活蠟遊行。其他的孩童跟在後面，一根蠟燭的燭光使我們能往前走。最後孩童從象徵基督復活的復活蠟點燃自己的蠟燭，光的慶典會隨著孩童的成長逐漸發展；以後我們會增加「復活節宣告」和重發領洗誓願。

當我們望著向我們迎面而來的光，常是濃郁的靜觀時刻，留給孩童值得珍惜的回憶。這可以作為孩童的參照點，協助他們適應參與成人團體的禮儀。

我們也提過有關聖誕節－主顯節的禮儀，因為它的結構不是那麼緊湊，順著時間的推移可能發展成慶祝，我們稱之為即興慶祝（參閱第六章）。其目的在於為孩童的團體生活增添光彩，這類沒有結構的慶典，我們不必刻意去創造結構，只要保持慶祝活動盡可能地接近我們所要慶祝的內涵，試著讓慶典成為當下真實感受的表達。

既然這些慶祝是孩童團體的表達，那參加的人就不只限於幼童，幼童和大孩童要一起生活與慶祝。慶祝活動會因參加的大、小孩童的多元貢獻而自然形成自己的結構：「動手」的工作會較多分派給小一點的幼童，例如手持物品遊行，並將手上物

品歸位；大孩童則去朗讀聖經章節、帶動自發祈禱等。自發祈禱有時候會由幼童發起，有時由大孩童發起，有時則是由教理引導者；然而引導者要限制自己發起或暗示，盡量讓孩童自己去發現、找到適合他們自己感受的形式。

引導者可藉著提出問題給予協助，例如孩童要選哪一段經文來讀（是比喻或是敘事）？要唱哪首歌？想要留在善牧小室或是去教堂或聖堂？如果孩童要組織遊行，引導者可以問他需要什麼（要拿什麼？誰要負責拿？）。

照片 15 和 16 顯示了由孩童自行籌劃的慶祝活動，從「初領聖體避靜」之後莊重地回到中心。以下我們簡單列出兩次孩童自行籌劃該活動的順序：

聖祭禮祈禱：敘述最後晚餐
聖祭禮祈禱：最後奉獻祈禱
讀經：真葡萄樹的比喻
結束：聖歌

另一次孩童們選擇：

聖詠：善牧比喻
聖詠 23（善牧聖詠）
讀經：真葡萄樹的比喻
領聖體歌

照片 17 和 18 則是一群孩童慶祝聖神降臨節。在祈禱桌放

上七根蠟燭，聆聽聖神降臨的敘述之後，孩童將寫上「聖神七恩」名稱的紙放在蠟燭的兩側，然後孩童從放著他們想要得到的「聖神七恩」名稱的蠟燭，點燃自己的蠟燭。孩童對於選擇恩典非常慎重其事，常常要花一點時間做決定。

靜默

最後，靜默是祈禱教育中最重要的元素。我們談的靜默不是指祈禱時的安靜，而是教育孩童持守靜默，這跟偶爾中止聲音無關，而是一種孩童會嚮往、尋找和喜愛的靜默，置身其中的孩童會覺得全然自在。

瑪麗亞・蒙特梭利清楚強調這種放鬆的重要性，稱之為「靜默課程」。在蒙特梭利學校中，這是非常重要的元素，對於活動中自然出現的全然靜止（身體），孩童表現出樂在其中，並享受於全神貫注地「聆聽無聲」。瑪麗亞・蒙特梭利數次回憶，每當她才剛開始在黑板上寫下「靜」，甚至還沒把「默」寫完之前，整班學生就停止工作，全場停頓鴉雀無聲。這是蒙特梭利學校常可見到的情景。琪拉說：「我喜歡善牧教理課程的每一件事物，但最喜歡的就是靜默。」

我們這裡所講的，不是在一般學校中，當孩童坐立不安時，只要提高聲音就能達成的安靜表象。我們所談的靜默，是透過緩慢地掌控每一個小小的移動而升起，環抱著全體孩童的靜默。它不是外來的，是由內在升起的靜默，這正是回應孩童無聲的要求，幫助他們能夠自我收攝。所以，當我們察覺到不適合孩童靜默的時候，我們不應該要求孩童安靜下來；靜默不是老師維持教室秩序的幫手，而是進入默觀心靈的協助。

　　有時候在達成靜默時，我們可以輕聲、鄭重地唸一句〈聖詠〉裡的經文；但無論在何時，我們要讓孩童能夠享受長時間的真正靜默。如果靜默是瑪麗亞‧蒙特梭利學校的重要元素，那麼在每一間善牧教理中心更該如此。缺少靜默的練習，就不可能有我們所強調與要求的聆聽品質；缺少靜默，就沒有祈禱。

　　因此，我們的結論是，在善牧教理課程中，如果能運用恰當的方法，所有重要的宣告自然會轉換成祈禱。這帶我們回到曾經在第四章提到的問題，也就是我們工作中的控制。我們說過，不可能會有學術性的控制（就算可能，也是不適宜的），原因正是工作內容本身的性質。

　　儘管如此，祈禱可以提供我們方法來檢視我們的工作，如果孩童的祈禱膚淺空洞，就表示我們沒做好宣告：或許是內容貧乏，不適合孩童年齡層的需求；或許是示範時的宗教精神不夠。所以，如果我們要談所謂的控制，涉及的是我們如何執行善牧教理課程，要精進的不是孩童的祈禱，而是我們自己的工作。

第八章

關於驚奇和天國的教育

天國好像一粒芥子。
　　　　　──瑪竇（馬太）福音 13 章 31 節

依據觀察，「驚奇是幼兒早期發展的特徵」[1]。對孩童而言，每件事物都是他們驚奇的來源，因為一切對他們都是新鮮的。驚奇是人類心靈非常重要的刺激，所以柏拉圖說：「驚奇感是哲學家的記號。哲學確實沒有其他根源。」（《泰阿泰德篇》155 d）聯合國教育科學及文化組職的教育報告說：

> 人類感到驚奇的能力是活動的根源，例如觀察、實驗和分類各種經驗和資訊的能力；在討論中自我表達和傾聽的能力；訓練自己做系統性質疑的能力；閱讀的能力——這個能力需要無止境的練習；用科學和詩歌結合的心靈對世間之事提出質問的能力。[2]

如果要釐清人類從驚奇中所獲得的刺激的本質，或許我們可以用磁鐵來比擬。驚奇的本質並不是一股消極地從後面推動我們的力量，而是在前面以一股無法抗拒的力量吸引我們，令我們邁向驚奇之物，使我們滿心著迷地前進。

驚奇具有動態價值，卻不會使我們成為激進主義者，而會促使我們採取人為的行動，在活動中，我們沉浸在超越自我的默觀裡。或許驚奇的特性會讓我們發現，行動與默觀是無法分離、相互融合的。

我要在此闡明，我所指稱的驚奇並不是像《愛麗絲夢遊仙境》*中的那種。驚奇是一件嚴肅的事，不會帶我們遠離現實，唯有經由專注觀察現實才會孕育出這種驚奇。朝向驚奇的教育促使我們更深入去探索現實；如果我們只是瀏覽或走馬看花，便不會有驚奇的感受。

　　驚奇不是膚淺者會有的感受，它只在心神能安定、能停下觀看之人的身上扎根。只有透過持續的深度觀察現實，我們才能覺知到現實的諸多面向，以及其中的秘密和奧義。對現實保持開放、對驚奇保持開放，兩者是同時並行的：隨著我們漸漸深入現實，我們的眼睛越來越能看見其中的神奇奧妙，驚奇也就成為我們心靈的習性。

　　這對一般的教育很重要，對宗教教育尤為重要。當驚奇成為我們心靈的根本態度，我們整個人生會充滿宗教特質和情操，因為它會使我們躍進一個不可思議且不可估量的實相中。如果我們能讓自己省思實相的複雜性，那麼實相自會為我們帶來我們無法捉摸或界定的啟示；我們也就無法對那超越的臨在視而不見——即使以「荒謬」一詞來稱呼它，也是承認它的廣大無涯，而宗教人士則會欣喜地唱起讚美崇敬的詩歌[3]。

　　孩童、詩人、藝術家最擅長驚奇，還有一些知道如何在生活周遭閑觀靜悟的長者，因為現實的啟示拓展了他們的視野。我們可以說，雖然深入洞察的程度不同，但孩童和長者都以新鮮的角度看待一切。

　　最重要的是，孩童身上的這份感性不容任意抹滅。有人說，現代教育的缺失之一是「驚奇感的失落，我們對任何事物不再感到驚喜」。我們成人能做什麼，以免如此重要的特質遭失

＊作者此處指的不僅是路易斯·卡洛爾（Lewis Carroll）筆下的迪士尼漫畫。《愛麗絲夢遊仙境附注版》的編輯馬丁·加德納（Martin Gardner）將故事裡嚴肅的笑聲做了充分的解釋，也引發過度嚴肅的評論。在結束他的介紹時，他用萊因霍德·尼布爾（Reinhold Niebuhr）講道中的一句話來說明：大笑只對生活的膚淺荒謬起作用，而當它指向更深層、不合理的事（諸如邪惡和死亡）時，就會變成苦澀和嘲弄。驚奇與這些無關。（路易斯·卡洛爾，《愛麗絲夢遊仙境附注版》，馬丁·加德納的介紹和筆記，紐約，世界出版社，1960年）

殆盡？

首先，成人不該做的有：我們不該給太多東西，也不該提供太多刺激。我們不該太常或太迅速改變孩童專注的東西，遇到這種狀況，孩童會採取自衛心態，刻意不理睬這令人疲倦的連續劇。如果孩童沒時間全神貫注於任何事物，那每件事物對他來說都會變成無所差異，也就會完全失去興趣。義大利小說家帕維斯（C. Pavese）觀察道：「我們知道進入驚奇最確定也最快的方法，即是全神貫注於單一物品上，到某個時刻，我們會奇蹟般地以為這是我們從未看過之物。」[4]

孩童的驚奇會因為得到太多的食物，或是得到沒有營養的食物而被扼殺。驚奇如果沒有遇上值得的對象，而只有被局限的事物，它就會熄滅；這樣的事物會令孩童感到失望。教育者的任務是為孩童提供足以讓他深入覺知現實的事物，隨著孩童逐漸深入的默觀，這些事物會帶領孩童拓展他們現實的疆土。

天國的奧秘

我們相信福音所提供的就是這樣的事物，特別是天國的比喻，在孩童眼底點燃火光，我們多次見到這道光芒。我特別要談的是那些把天國比成極小實相的比喻，小到常被忽略；然而這個極小的實相，卻會成為非凡的偉大事物。

福音邀請我們以兩種方式來默觀天國的奧秘：開始的時刻和結束的時刻；為我們呈現一種動盪的對比，即「極小」和「特大」，其非凡之處在於，「特大」來自於「極小」。福音向我們談到芥子（瑪竇／馬太福音 13:31-32），那是在耶穌的家鄉（即以色列）中「最小的種子」，種子如此偉大，卻比針頭還

小；然而這樣的種子卻會長成空中飛鳥可以築巢的大樹。

福音又說，天國好像酵母，女人取來藏在三斗麵裡，直到全部發了酵，把一小堆麵粉變成一條大麵包（瑪竇福音13:33）。同樣驚奇的故事還有農夫撒種的比喻，「那種子發芽生長，至於怎樣他卻不知道，因為土地自然生長果實：先發苗，後吐穗，最後穗上長滿麥粒。」（馬爾谷／馬可福音 4:26-29）

以上三個比喻，表達出從一個極端毫無停頓地發展到另一個極端的過程，強調的是小與大的對照，偉大來自於渺小。生命的成長確實很精彩，但在此過程中，我們無法捉住或擷取成長的片刻，直到成長到一個段落，我們便會被其進展所吸引。沒有人看過草的成長或花的綻放過程，但是每個人都經驗過蛻變的驚奇，對我們而言，草原換上春衣，或是幾天前還乾枯著的枝條卻發出花苞，這一切似乎都來得那樣突然。

這些比喻協助我們進入這樣的精神境界，但不止於此。小種子、酵母成了躍進更深現實的跳板，如此才能領悟其普世意涵。以這些小小的元素為出發點，我們看見同樣的奧妙行為在整個世界中不斷發生。在整個宇宙中，有股活力不斷地超越其本身的界線，這乃是創造的秘密：因著那超越人的力量，從無法測量的微小當中，蛻變出最偉大的實相。生機使小芥子膨脹、發芽而長成大樹，是受造萬物的內在氣息使然。它召叫人進入這不可思議的神奇運行，從渺小到偉大、從少到多。

想想這個連在我們手掌中都會遺失的小種子，竟能使我們周遭的世界逐漸變得透澈明晰，我們目睹這個奇蹟異能，從某個層次來說，這股力量也是我們自己的，因為我們同樣看見這股能力在我們內在工作，但它卻遠遠超越我們。這個比喻雖沒

有清楚提到神，卻是神最安靜也最顯而易見的臨在，促使我們面對一個人類置身其中的實相，它承載著我們，同時又巧妙地迴避我們。發現自己亦同屬於這偉大奧秘，是多麼令人驚奇與喜悅的事！

「比喻」有不同形式的文學類型，當我們談到「比喻」時，指的是某種教學法（參閱第十章）。我們可以把我們要談的比喻界定為「啟示比喻」：啟示我們宇宙的秘密，引導我們進入默觀。或許這就是為什麼孩童（「形而上和默觀」之子）如此容易接受且進入全神貫注的靜默中。比喻提供一個不斷成長的反思元素，讓孩童不至於因為界限而打斷其默想，或撲滅他的驚奇。

依我們的觀點，這些比喻是引導孩童進入生命奧秘的管道。現今，對於教導人擁有實相的宗教觀，或是理解「創造的標記」，我們有種合理的擔憂。然而，這個宗教觀必須從合適的年齡開始，並在恰當的時間進行。如果兒童期是合適的年齡（如同我們所認為的），那就必須採取形而上和全面性（整體）的做法。

對我們而言，幼兒教育者的任務不是協助孩童分辨現實的元素，其任務更為遠大：是協助孩童默觀生命本身的奇蹟。孩童很會享受與神的關係，擴展與神的「相愛」，直至擁抱神臨在其中的每個人事物，若用聖經的語言，即是「天國」處處都在。在這全面之愛的背景下，各種形式的生命，無論是人或物，眾生都充滿愛的色彩。

然而，如果我們自己沒有先洞察到那滲透於我們內在生命、並使之綻放的神秘恩賜，我們就不可能細緻地愛生命。如果我們已開啟幼童的眼睛，使其能夠看見實相的神奇，那麼隨

著年齡的增長，他們的視野自然會拓展，日益善於洞察實相的
細節。重要的是，要做到如此地步，孩童需要有所預備。如果
在兒童期早期，孩童就能擁有對宗教內涵整體實相的陶冶，他
們就會擁有一把「宗教的鑰匙」，在兒童期後期用來閱讀與理解
實相的細節。

　　對較大的孩童而言，實相的範圍更為擴大，但同時也會變
得較為零碎、細瑣，所以孩童心中需要保有全面性或整體的視
野。如果年紀大一點的孩童心中缺乏那把鑰匙來讓他們做出詮
釋，那麼，幫助孩童讀懂創造的這個標記或那個標記，就會淪
於膚淺而貧瘠的工作。依我們的觀點，聖神（聖靈）的運行是
從中心到周邊，從重點到次要，從全面整體到特定細節[5]。一旦
缺乏足夠的準備，細節的理解便容易淪為成人要求的工作，而
非出自年紀大一點的孩童本身的心靈。

　　事實上，我們太習慣注意細節而忽略整體。我們帶孩童在
這個人或那個人身上、在不同的事件上尋找神的烙印，但是，
對於引導孩童進入默觀「生命」本身的奇蹟，我們卻沒有給予
足夠的關照。我們認為，這是由於兒童期早期，孩童能夠「掌
握」整體全面觀的時期受到忽略之故；教育工作一旦忽略幼兒
時期，教育就只能建立在空洞的基礎上。

　　我們前面引用的比喻形式有助於智慧的增長，這些比喻以
雙倍魅力吸引孩童的注意力：「小」（眾所周知，孩童能夠全神
貫注於發現極小之物）與「大」的對比，這成了經文示範後進
行默想的關鍵點。這第一點已有足夠的默想材料：「到底是什麼
大能，使渺小的種子變成大樹、長出麥穗，或一小撮麵粉和水
變成膨脹的麵團！我們能自己做嗎？有誰能做呢？我們也能做

大事啊，但我們的大事只是把很多小事堆疊起來。然而，樹不是很多種子的總和，它是從一個小種子長成的。是這樣耶！這神秘的大能是從哪兒來的？」

這只是默想的開始，我們必須向外擴大我們的思維圈：「我們在這個小的芥子（芥菜種）上看到的奇事，世界上所有的種子都有。當我們看著大樹，會想說這大樹不可能是來自一個小小的種子，但全世界的樹都是如此長成。一定是有一股神秘、大能的力量籠罩著整個世界，這才可能發生！或許我們可以看見這股力量離我們很近？」

然後，我們協助孩童在自己身上看見這股驚人的力量：「我們出生的時候很小！現在看看我們有多高？我們的手腳有多長？這是我們自己的作為嗎？我可以讓自己高一點或矮一點嗎？這個使我成長的力量是或不是我自己的？是我們得到的禮物嗎？從誰那裡得到的？還有更重要的：我們本來不會說話也不會走路，而現在我們能做好多事！我們的身體和內在有所改變，而且持續在蛻變中。我們神奇地長大且繼續長大，從少到多。雖然我們的身體長到某個程度就會停止，但我們內在的能力終其一生都能持續成長。（此時，琳達著迷地歡呼：『天國在我們裡面！』）我們一生，直到死，甚至超越死亡，就是要在我們心中落實這個天國。死亡不是別的，就只是一個從少到多的新通道。」

依照我們的認知，這些比喻引導孩童初識生命的奧秘，也能夠引導孩童初次進入死亡的奧秘，理解死亡是生命本身的蛻變時刻；我們身為人，活在生命的偉大實相裡，就算死亡，也只是通往更多、更好的通道。對幼童而言，我們不強調死亡

「如何」發生，而強調死亡並不會中斷生命邁向更多、更好的運行。

另外，這些比喻協助我們認清另一個重點，就是身體的宗教意識。如同我們說過的，這些比喻提供我們方法，去協助孩童默想身體的成長，和見證在自己身上發生的成長和蛻變；這不是孩童自己的成就，孩童既不是自己身體的主宰，也無法按自己的好惡而調整身形。人類和眾生內在都有股不屬於自己的隱晦力量，我們可以察覺這股力量在我們體內運作，因為這是賦予我們的禮物。

這樣的肯定態度，能協助孩童對自己的身體產生奇妙的佩服感，使孩童尊重自己的身體。身體也成了奧秘的標記，承載著生命的奧秘，不亞於種子。身體的每一部分——具體的每一部分——都帶著「無限」的光彩，因此，我們能在自己身上發現嶄新的尊嚴。

我們會說，這些比喻也是性教育的珍貴工具[6]，我們認為教理引導者在這個領域有特殊的任務。貝爾格（A. Berge）很確定，向孩童介紹性的奧秘是家庭的角色，只有家長能在這個議題上，用愛與溫暖的態度向孩童介紹[7]；之後是學校的角色，學校主要是提供資訊與知識；然而，關於性教育還有第三個層次，即宗教層次。我們的身體具有美妙的機制，人的誕生是因為與愛的行為相連結，愛使兩人合一而成為生命的載體。這一切確實很美也很重要，但我們應該再更深入探究生命的起源：探究那活生生的神給予我們生命，祂照顧並保全生命。

我們認為，性教育相關的課題也是教理引導者的特殊任務，這只是道德教育（參閱第九章）之一。再一次強調，讓這

些觀念能夠深刻地紮根,是幼童教理引導者的任務。

天國的價值

　　為了整合先前所述,還有兩個我們提供給幼童的比喻:商人尋找珍珠的比喻,「天國好像一個尋找完美珍珠的商人,他一找到一顆寶貴的珍珠,就去賣掉一切,買了它。」(瑪竇福音 13:45-46)另一個比喻是挖地找到「隱藏的寶藏」,因為「高興」而賣掉一切,去買那塊土地(瑪竇福音 13:44)。這兩則比喻帶我們同時進入默觀和行動,比喻中有強烈的苦行成分,兩個主角都捨棄了他們所有的一切。然而我們要小心的是,這個部分並不感動幼童,不該對他們強調這一點;反而是青春期或前青春期的青少年,他們內在心理與這一點較有關聯。

　　這兩個比喻在年幼孩童的心裡,只是激發靜觀和強調其他三個比喻所啟發他們的思考:我們內在與外在周遭的天國,其價值之偉大,甚至超越一切。重點要放在「寶貴的珍珠」上——多麼奇美無比!以及那「隱藏的寶藏」——誰知道那裡頭藏了多少奇珍異石!重點不要放在人要「做」什麼才能得到它,孩童還不到該「做」什麼的那個年齡。

　　向孩童宣講,不是要引導他們直接領會某些道德價值。依據伯爾特曼(R. Bultmann)所說的,因為「生命存在之完成」會透過某種特定的生活方式,在之後有所展現。透過不同方式,這些比喻再次讓我們停下一切,仰慕天國之奇異,以及歸屬於天國的喜悅。對我們而言,因為這些比喻帶有無限擴展現實的空間,作為孩童的默想內容,不至於讓他們失望,是能夠滋養孩童驚奇的營養糧食。

這些比喻的示範順序，依照第三章所描述的步驟，就是：先簡單介紹比喻，再鄭重宣讀聖經，接著默想經文。孩童個人操作的教具包括各個天國比喻的聖經手冊。三個天國比喻的教具也搭配有可移動的物件以供操作：芥子比喻的教具是一個寶箱，裡面有小容器，裝著一些微小的以色列芥子。針對酵母的比喻，我們準備兩份麵團，一份只放麵粉和水，另一份則加入酵母，然後蓋起來，在兩個小時的課程結束之後，孩童才掀開蓋布，發現兩份麵團的差異，僅出自於酵母的力量。酵母的力量所改變的不僅是麵團的大小，也改變其顏色、口味、質感和味道。

介紹完商人和珍珠的比喻後有一系列的活動：宣讀聖經之後，我們向孩童介紹教具，我們透過教具將動作具體化，然後將教具留給孩童使用。我們用木材做出商人的家，將商人的模型挪進挪出他的房子，以將珍珠收進盒裡；最後一趟，直到商人發現那顆無價的珍珠時，他捨棄其他所有的，家裡只留下那一顆無價的珍珠。而要默觀天國奧秘的最重要「教具」，則是天主聖言、我們周遭的萬有，以及我們自己的身體。

孩童的回應程度

以下摘錄自羅馬波哥大地區（Borgata Casilnau）一位教理引導者未出版的日記，記錄一群六歲孩童對商人比喻的回應：

問：誰能讓那個商人瞭解珍珠比其他任何東西都有價值？
‧聖神。
‧那個商人不是先知，但還是會聆聽聖神。

· 他拋棄了所有假的珍珠，只保留真的那一顆，所以他很高興。
· 他把門關起來，沒有拿給任何人看，因為他們會干擾他。

（我兩次跟不同的孩童群講這個比喻，每當我把帶著無價之珍珠的商人模型移進他家時，孩童們都會異口同聲喊叫：「關上門！」我把門開著是為了讓他們看到裡面！）[8]

· 確定不是太陽照亮珍珠，是神照的，所以才看不見。
· 太棒了，小偷沒看見，他們偷不走。
· 如果跟太陽比，寶貴珍珠贏。
· 如果太陽和珍珠在一起，誰知道會是怎麼美的一天。
· 地板打蠟就會發亮，可是珍珠在那裡，整個屋子都發亮了。
· 可是珍珠在哪裡？
· 在心裡，誰知道多麼發亮！

以下是酵母比喻的對話觀察，摘錄自同一本日記：

· 酵母有神的力量，因為只有神能使它成長。
· 酵母是天國。
· 它能變多大？
· 它可以像天空那麼高，因為天國是偉大的。
· 它不會停止成長。
· 它在我們心裡。

（看到膨脹的麵團，驚奇、喜悅達到高峰。）

·好美噢！是真的！耶穌是對的！耶穌說實話！
·好大噢！
·一定是神給了酵母力量。
·耶穌說的是他的國。
·他的國一定閃爍發光，我們相信，因為他不會說謊。
·它會長到天空；它不會停止成長，因為耶穌是大能的。
·我們想著天國。
·在天堂，可是他最喜歡的地方是心。
·那是強有力的國。
·耶穌給我們無價的珍珠、強有力的國，我們很開心。
·我們不在乎其他禮物了，因為我們的禮物是耶穌，他更
　美、更有力量。

　　以下值得注意的部分是，當教理引導者要開始復活節的討
論時，孩童的回應是與比喻相關的：

·復活節要來了，最偉大的節慶。我們要怎樣給自己做準
　備？
·想著珍珠、寶藏……和酵母。
·是什麼時候？
·當酵母成長，所有的麵團也成長。
·商人——他什麼時候覺得開心？
·當他有了比其他東西更有價值的珍珠時。

・現在我們要為耶穌開派對，要有蠟燭，因為有光。

・你越愛神，就會越快樂。

・女孩要聆聽聖神。聆聽越多，耶穌會給她越多的光。

・聖神就像火，他給了光和溫暖。

・他讓你瞭解神的秘密，並且一個一個地告訴你。

・可是你要用你的心去聽，心就是珍珠所在的地方。

・他用悄悄話來說。

　　圖 48 表達出孩童知道如何內化比喻的內容：寶藏在心裡。圖 49 與圖 50 中，孩童將比喻和其他元素連貫在一起的創意真了不起。關於這些重要的圖畫，我們引用過去一位學生來信中的一段話來說明：

親愛的蘇菲亞：

　　當我看著你的孩子們所畫的圖，我覺得我的孩子永遠不可能達到那個深度。然而，當我看到孩子們畫的一些天國和珍珠的圖畫時，我深感驚訝。一個六歲男孩畫了基督畫像，並把珍珠放在耶穌手上；另外一個男孩畫了一個大的十字架，在十字架的中心放上珍珠；還有一個男孩做了一本像書的東西，他稱之為「神的書」，並把珍珠畫在書的封面。更令我驚訝的是，這些都沒有出現在我們談論比喻的對話當中……

1976 年 12 月 3 日

寫於紐約羅徹斯特

第九章

道德的養成

天主是愛。

——若望（約翰）一書4章8節

在一本為三到六歲孩童所寫的書中談論道德的養成*，似乎不太搭調——孩童真正開始對行為感興趣的年齡還沒到。大家都知道，六歲以下的孩童對所謂的道德行為並不感興趣，在這樣的情況下，他不可能接受道德的養成。如果我們要直接給孩子道德培育，我們只會和一位托兒所老師得到同樣的結果：這位老師給孩童們講「浪子回頭」的比喻，孩童們對這比喻的回應只有這個問題：「那些豬怎麼辦？」

老師的結論是「比喻對孩子們來說不適合」，可是，錯誤是在於比喻的選擇。孩童們只會按他們的年齡來回應。既然他們的年齡處在需要保護的敏感期，那麼擊中他們的點當然就是那群被遺棄的豬，整個罪與悔改的問題完全不在他們的感受區內。

然而，道德涉及的不僅是行為。我們所謂的道德，是整個人的生命導向，存有（being）傾向的一個點——我們可以把它跟植物的向陽性做比較。多元的行為從這個根本導向開始，連帶至整個人。人的道德導向和他的行為就像植物與它的果實；植物健康地扎根於土壤中，才會長出新鮮的果實。行為是人整體全面導向的多元體現。

這個根本導向，應該在孩童第一次開始問關於個別行為價值的問題時樹立。這裡重複前一章所談的：在大孩子開始思考現實的細節時，我們得協助他獲得一把萬用鑰匙，讓他正確地進入這些細節。在大孩子開始問自己這個或那個行為「好」或「不好」之前，我們得要提供他一把「尺」，在問題出現時大孩子可自行回應；我們該給大孩子的是指標性的參考點，讓他可

---

* 這一章所提供的案例涉及六歲以上的孩童，因為行為的動機是在這個年紀之後才變得明確。

以自主導向在他面前展開的嶄新視野。

那把「尺」必須事先準備好，到需要的時候就能派上用場。等到道德危機出現時成人才倉促地干預，無庸置疑將導致悲慘的結局。對於這不合時機的侵犯，大孩子不是抗拒，就是習慣於使用別人的尺；如此一來，道德便不會是孩童自己聆聽到、來自聖神（聖靈）的聲音，而是服從外來的法律。因此，大孩子（甚至成人）會停留在道德不成熟的程度。

瑪麗亞·蒙特梭利談到人類生命中一系列的「發展階段」；只有當前一個階段完善地建立時，接續的每個階段才可以和諧地建構。涉及行為的道德階段，與兒童期後期相吻合；如果大孩子的兒童期以某種方式度過早期，在這階段他就可以免於創傷地來面對。

與神和道德生活同樂

兒童期早期的孩童最大的需求及能力在於「關係」：被愛，以及有人可以愛。道德生活乃奠基於這份最迫切需求的滿足，這也成了大孩子行為選擇的依據。我們已經看到，宗教經驗、在生活中享受神的臨在，對滿足這份最迫切的需求來說，扮演了重要的角色。我們可以說，在兒童期早期的任何宗教經驗及宗教培育，對孩童現階段的和諧養成有重大的貢獻，它們是日後兒童期末期道德生活的間接準備。

事實上，以基督宗教的觀點，道德不正是回應神的愛、與神相遇的回應？所以，要滋養幼童道德養成的成人，對幼童的道德教訓就要節制，意思是不要催迫他們給自己的行為貼上道德化的標籤。當然，為了生活的安全，有些基本的行為規則是

必要的。可是對幼童們來說，這些規則也不過是我們團體活動的實況，例如在善牧小室裡，我們輕聲細語，因為這能使每個人更容易祈禱。

成人的重點應該放在宣告神的愛，並幫助孩童在反省和祈禱時享受其中，而不是讓幼童們進入道德思考。我們相信，孩童的宗教經驗越有深度、越享受、越有深刻的感受，大孩子將來的回應就更能勝任、更自主和更真實。

我們要強調「真實」，因為假設孩童在兒童期早期意識到某種現實，且孩童或多或少在這個現實中經驗到一種享受或「愛上它」的感覺，那麼這個經驗就會在兒童期後期開花，之後在這時期遇上的道德困擾就會受到光照──愛的光照。

多年來我們持續觀察到，那些示範給幼童的、毫無道德暗示的主題，後來都變成大孩子的生活指標。幼童在聖洗的標記中「看見」神的禮物，並因而欣喜若狂；天國的比喻給了幼童一份多麼神奇、珍貴無價的禮物，聆聽比喻的時候孩童睜著大大的眼睛，充滿驚奇而入迷。然後，大孩子要做意識省察，是去思考：「天國是否在我們心中？」或是「看，聖洗的白袍有汙點嗎？」這些表達通常出自七至八歲的孩童們。

一位引導者說：「牧人不會強制把羊帶回羊棧。」七歲的猶金尼歐反思說：「羊兒一定會想起牠失去的天國，也會想到那裡多美！」一個男孩告訴八歲的保羅，說他對母親說了謊，保羅回答說：「可是，這樣你就把你的聖洗袍弄髒了。」引導者問：「當你看見有人去辦告解，你怎麼想？」七歲半的多瑪索回答：「他在照顧他的白袍。」另一個九歲的孩子回答：「他要有一件乾淨一點的聖洗白袍作為禮物。」

讓幼童著迷的現實經驗，在他之後成為大孩子時會重新被啟動，進而提醒大孩子一個全新且涉及道德問題的發展階段。對於這一點，我們見證到，孩童早年所領受的宣講和教理，絕對是持續作用在他身上的。孩童默觀神的臨在和愛所享有的滿足感，不僅沒有消失在他的生命中，甚至還深刻、自然地影響了他後來的生命成長。年幼的現實經驗成了孩童人格的一部分，使他能應用在不同的狀況。孩童不僅在穩定的愛中被撫育，也接受了能夠立即和長久結果的種子。

我們認為很重要的是，大孩子能應用早年所經驗及享受到的愛的光照，來面對首次行為上的挑戰。如此，當大孩子開始意識到自己的不足時，他感受的悲傷會出自最好的根源──來自他曾經領受的偉大禮物的愛。掉進愛中是「發展的階段」，而大孩子的生命奠基於此。只有在愛而非恐懼中，人的道德生活才值得其名。這樣一來，大孩子不會因恐懼處罰而變成避免做某些事的奴隸，他反而會成為一個自由的人，因愛而得力。

善牧（好牧人）的這份愛還要再拓展：善牧的愛不再只是自我給予的愛，更是一份有能力寬恕的愛。孩童們所享有的慈愛善牧經驗，如今成長為深深的喜悅，知道自己被愛且備受支持，甚至在不完美的狀況下也是如此，這是超越人力所能的。八歲的保羅說：「我在超市走丟，媽媽大聲吼我；善牧不像這樣，他找到羊時，不會吼他的羊。」

當孩童們聆聽善牧信實之愛的宣講時，我們看到較大的孩童眉飛色舞、樂在其中，他們這種內在享受的品質，與幼童首次和善牧相遇時一樣。

大孩子首次碰上道德危機時，如果他沒有被確切的愛支

持，就會感到困惑、失落。然而，這份確切感無法臨時產生。
這是孩童年幼時期的確信，只是存留在不同的實況中。同樣的
確信與孩童一起成長；它是幼童在兒童期早期生活在寧靜祥和
中的確信，大孩子如今再次發現，並以更廣闊、不同的程度發
展。但是，大孩子要能做到這樣，必須要有兒童期早期的經驗。

兒童期早期的重要性

所以，從道德培育的觀點，我們認為孩童六歲以前的宗教
經驗是非常重要的。在六歲以前，孩童與神的關係已建立得無
可比擬；這時期的幼童毫無牽掛，對與神的相遇完全開放且樂
在其中。在我們看來，對道德價值開放的大孩子，如果在這個
時候才開始教理課程或任何宗教培育，會產生嚴重的後果。與
神的相遇會與道德問題相混淆，如此一來，神很容易被誤認為
法官。

亞拉哥‧米塔斯（Arago Mitjans）觀察道：「有很多人排斥
神，正是因為在不適當的時間把宗教元素放在道德課題上所產
生的影響。」[1]我們質疑，很多人把神當作法官，是不是因為一
般人習慣把宗教生活及開始接觸教理課程的時間，與道德關懷
重疊在一起。根據這個事實，我們便有正當的理由在幼童六歲
以前，提供教理課程或宗教培育。依我們的觀點，在六、七歲
時才開始教理課程，孩童會混淆神的面貌。

另一方面來說，現代心理學強調學前期的重要性，我們提過
聯合國教育、科學及文化組織（UNESCO）關於教育的報告[2]，談
到「社會罪行」的發生，是由於沒有善用孩童大量的潛能。在
宗教領域不也有著同樣的警訊嗎？眾多學者親身經歷了孩童六

歲以前的能力，例如在諸多經驗中，就有杜曼（Doman）《如何教你的寶寶閱讀》（*How to Teach Your Baby to Read*）[3]一書中令人欽佩的經驗記錄。有些國家意識到這一點，組織了許多學齡前的教育系統，首先是中國和以前的蘇俄，蘇俄幾乎把一千萬孩子收進托兒所和日照中心[4]。

那麼在教理課程的領域，對六歲以下的孩童們，我們能做什麼？在義大利，有專為幼童而設的教理課程，然而它的虧損相當大，對很年幼的孩童所做的更新少之又少。的確，兒童期早期的宗教培育「主要」是與家長有關，但「主要」並不意味「只有」。沒有家長的貢獻，引導者的工作不能完整，但反過來亦是如此。我們所談的是雙管齊下、相輔相成，不是替代方案。

除此之外，在托兒所或日照中心度過大半天的孩童，數量一直在增加。我們能為他們做什麼？宗教界不也肯定兒童期早期具有的大量潛能嗎？我們自問，成人是否充分地感知到這麼大的問題，或是我們應該認罪，因為當孩童正值對宗教如饑似渴的年紀時，他們向我們索取宗教食糧，我們卻讓他們完全禁食。

六歲或晚一點才開始教理課程，無可避免地會引發混淆，如同我們之前說的，對於孩童的行為，宗教的階段和道德的階段會被混淆；我們會使孩童「進入基督宗教信息的時期」與「開始有更多知識性需求的時期」重疊。

那麼，教理的講授勢必要順應這些需求，而且無法以屬於前一個年齡期的情感豐富度為基礎。因此，對於自己接收到的信息，孩童就不可能給予溫度而達到情感性的整合，進而在與理智認知維持適度的平衡下，確保對其生命帶來深邃的影響。

孩童會用比較多的「頭腦」而不是「心神」來領會教理（在聖
經的意涵中，「心神」意指整個人所有能力的綜合），教理課程
將很容易變成學校諸多學科之一。

　　在我們看來，孩童的基本結構 —— 兒童期早期的默觀
性，指向兒童期後期行為中的道德利益以及更大、更顯著的智
識需求 —— 使得幼童們在宗教培育上的問題更加緊迫。蒂爾
曼（Tilmann）說：「無論付出何等代價，我們必須把握兒童期
早期，也就是在六歲之前。」[5]

第十章

象徵的方法

關於神聖的事，那相信自己已經找到了
的人，將找不到他所要找尋的，他的找
尋只會是徒勞。

        ——聖師良教宗（St. Leo the Great）

依據我們的觀點，選擇什麼方法與內容息息相關。某些內容是無法傳授的，除非使用特定的方法。方法不像一個空盒子，什麼東西都可以往裡塞；方法是有靈魂的，而這靈魂又跟我們要透過這方法傳遞的內容相關。方法和內容之間必須保持和諧又有同質性，否則就有破壞內容的危險。

神學承當了方法論的龍頭，在中世紀後尤其盛行，其性質是抽象和理性的，教理也成了傳遞已經解決的並以合成的形式發表的主張，除了照單全收、努力將之背熟，根本沒留空間讓人做些什麼。教理捨棄了偉大教父們的圖像語言，淪於「形式化」。據觀察，神學一旦停止透過圖像說話，便遠離了百姓，而成為專家的科學[1]。

然而，以理性觀點來看，神學能夠只保留給少數的特選者嗎？關於「制式主義」，艾隆索－思高可（Alonso-Schökel）觀察到：

請注意，困難並不是來自「制式化是錯誤的」這個事實，而是在於所使用的制式本身。我們不要對自己抱怨說推理不夠好或者必須要改善，相反地，專注於形式的教學會傾向限制和曲解聖經的經文。[2]

事實上，這樣的曲解是不可避免的。會引發很大的誤解，是因為我們所要傳達的奧秘是不能界定的，所以對於我們要傳授奧秘的人的思維，勢必會造成危險的混亂。在非洲查德村子裡的人們，已習慣使用舊式的《教理問答》，對於給他們講解比喻的引導者，他們說：「這不光是學習的問題，跟你講的全都不

一樣。」

這造成了一種反應，就是神學家轉變為「聆聽者和詮釋者」，而這種反應已經明顯地影響到教理課程。如同之前我們說過的，引導者和孩童兩者都是「聆聽者」，聆聽那不可思議、常在他們眼前展露其萬古常新之面貌的聖言。聖額我略（St. Gregory the Great）談到聖經時說：「從某個層面而言，它隨者讀者成長，沒受教育的人會認識它，受過教育的人則發現它萬古常新。」[3]

所以，我們用的方法不能是封閉或限制的，不可給人「一切研究已完成、定案，個人沒什麼好做的了」的印象[4]。它必須具有隱晦的特質，沒有偽裝地呈現，並且確信，對那超越人類「就像天堂超越地上」的聖言，我們只能提供一些暗示與外圍的工具，來協助「聆聽者」慢慢地向中心走。即使這樣的方法被排拒在學院教室外，後來甚至也為教理所拒，卻一直活在教會的生活——也就是禮儀——當中。

教會的方法：標記／象徵

禮儀常常是透過「標記／象徵」說話[5]，而耶穌只用「比喻」教導（馬爾谷／馬可福音 4:34）。聖經裡的宗教是不可知、具超越性的神自我啟示的宗教，這外在的矛盾可以在象徵中獲得解決。有一個說法是說，象徵是「一個事物指向另一個與它本身不同的事物」。關於象徵，聖奧斯定說：「你看見一個事物，你透過它領會另一個事物。」會這麼說，不是有什麼邏輯上的模棱兩可或是講得不清不楚，而是因為象徵具有豐富的意涵，並且持續對現實更寬廣的視野開放。

藉著一種主要是視覺的語言，超越的實相能展現在標記／象徵中，如此一來，會立即使整個人完全地參與其中，避免任何侵入到抽象的領域；象徵使我們與感官世界連結的同時，促使我們朝向那不可見的世界。人的覺知能力得以擴大、深化，而能穿透表象。在標記／象徵中，物質世界顯得清晰透明，超驗的世界似乎也可以觸及。

有些象徵特別具有宗教性，例如聖經和禮儀的標記。我們已描述了在善牧教理課程中標記的使用：關於彌撒和聖洗聖事（洗禮）的主要信理都以構成其禮儀的標記來呈現；光和手勢動作是可感知的元素，其意義不限於我們眼睛所見的；在某種情況下，標記使我們看見神那偉大而不可見的恩賜的實相。標記／象徵透過日常生活中的小物品（餅、酒、水等），為我們指出那不可思議的天國實相。就這樣，它們給了我們可持續靜觀的內容，同時告訴我們，這些小物品具有深遠的意義。標記／象徵雖然渺小，卻承載著偉大豐富的意涵，並且持續成為「道成肉身之降生奧蹟」的標記[6]。

比喻即是象徵

比喻在聖經的象徵中有其特殊的地位。比喻雖是由文字語言構成，但其文字特質是隱晦、暗示性的，像是罩著面紗，使它在某種意義上再次成為象徵。套用聖奧斯定的話，我們可以說象徵是：「你感知到一個事物，你透過它領會另一個事物。」比喻和象徵的區別只在於感官，我們透過它感知這個和另一個事物，但是方法是一樣的。

比喻是一種教學法，甚至可以說是耶穌的教學法。比

喻的秘密在於隱藏所要傳授的訊息，不明說細解，也不賦予「定義」。它只給予默想的元素。談到比喻，聖熱羅尼模（St. Jerome）用「藏在殼內的堅果」這個意像來形容它；我們可以再加上「藏在盒子內的寶石」這個意像，它被包了好幾層紙，我們不能立即享有它美麗而珍貴的內容。比喻有一道表層，在表層之後隱藏著一棟有著很多房間的宅第，我們必須帶著光和虔誠慢慢踏進去。

　　比喻就好比象徵，暗示了不同的事實。在福音書裡有各種不同的比喻，具有不同的教育意涵和相異的結構。有一些比喻在本書中已經簡短談過，我們稱之為「啟示比喻」（revelatory parables）；我們可以在其中發現有兩個極端層次的事實同時並列：「天國」好比婦女做麵包用的「酵母」，如此令人意外的相異元素兩相結合，點亮了火花，開始照明黑暗，激發我們認真地在比喻中尋找隱藏的實相。

　　兩個元素差異越大，「語言的活動」（linguistic event）也就越大，我們因此得到更深刻的印象，也催迫我們前去探究。這樣的語言活動已非修辭上的手法，刻意把兩個詞彙出人意料地並列在一起，只為引起讀者的注意，反倒是來自前所未知的事件所產生的火花。它是某種隱密事實的啟示。

　　為了揭示比喻的意義，我們需要運用我們的想像力和直覺。要運用想像力，是因為我們不能不停留在比喻藉由圖像所啟示的實相上。比喻的作者不是在創作幻想，他是為我們點出兩個不同層次的實相的相似處，既不是自己的作品，也不是文學創作，而是本體意涵的相似。

　　天國可以比喻為芥子（芥菜種），是因為種子在某個層次

是「天國」這個實相的載道者。如同我們說過的，比喻（或至少有一些比喻）是某個事實的啟示。這兩個元素可作為我們的引導，可說是我們要走的兩條默想軌道，免得我們進入天馬行空的幻想。耐心地「採掘」比喻中最簡單的元素，在這個過程中，我們將逐漸抵達彼岸。

然而，我們也需要同時使用我們的直覺，因為比喻對照的層次是無可估量的，我們只能用直覺去捕捉它們之間的關係。比喻確實分享了詩的特質[7]，因為這個緣故，它們不能被翻譯；它們所承載的意像也是不能改變的，甚至無法解釋。

如果以為比喻的特質只是暗示它所要教導的，並把使用它的目標放在「留下空間給我們自己探索」，那麼，我們去「解釋」比喻，就等於抹煞它，消滅了它最深的教誨智慧。用「解釋」的方式來教授比喻，無異於用「定義」的方式來教。耶利米亞（J. Jeremias）表示，福音中有兩段解釋比喻的經文（瑪竇／馬太福音 13:18-23, 36-42）沒有追溯到經文的根源層，所以它們不是耶穌所說的話[8]。解釋比喻意味著把它綁在既成的詮釋上，這會讓它無盡的活力窒息──意思就是，阻礙了聆聽者個人發現的可能性。解釋比喻如同把蝴蝶用釘子釘住，雖然牠的翅膀還在，卻再也不能飛了。

面對能輕而易舉地進入比喻的孩童、面對現代人理解聖經語言的難題，我們可以跟艾隆索－思高可一起自問，這難題如果不是來自於語言「古老、陳舊、不可能的事實，或是因為我們在它面前由於驕傲而高舉了自己的事實」，他說：「也許聖經語言是屬於神貧之人的語言。」[9]

創世的象徵

　　現代人對我們習慣說的「創世象徵」特別敏感，因為不是只有聖經和禮儀會談到神，整體的現實和每一個受造物都身在其中。如今，我們的興趣主要聚焦在人身上。根據謝列貝克斯（E. Schillebeeckx）的觀察，在以宇宙為中心的視野中，人的注意力會特別落在有形的事物上：水、香脂、圖像；就如同我們在以人為本的世界中，我們的注意力便會傾向放在「倫理象徵」上——也就是人性關懷的層面 [10]。

　　我們在第八章談到的天國比喻，是引導人進入創世象徵的閱讀管道，因為它啟示了關於人類和萬有宇宙的秘密。至於要閱讀「人類」象徵，則再次顯示出善牧（好牧人）比喻的重要性。我們說過，象徵和比喻都是由兩個元素組成，我們可稱之為「起始點」（例如，芥子）和「終結點」（在這個例子裡，就是天國）；象徵或比喻的「閱讀者」要做些什麼來連接兩端。當我們給孩童說善牧比喻時，我們是先宣講基督的愛給他們；之後我們會看到，經驗過父母、手足、朋友之愛的孩童，自己會「閱讀」這份愛，並把這份愛連接到善牧身上。

　　從這個例子來看，象徵的一端由引導者提供，另一端則是經驗。孩童不僅會尋找兩端的連結，也會發現自己就在兩端之中，所見雖「小」，反映卻很「大」。孩童用一把基督的鑰匙，閱讀他所經驗之愛的倫理象徵。

閱讀象徵的教育

　　關於這個主題，我們要記住，語言不是一種本能，閱讀更

不是。伽利略甚至說:「宇宙之書是為大眾開放的,可是我們必須認識它的語言和所用的文字才能理解它;它是用數學語言寫成的。」象徵也一樣,對那些尚未進入其語言、未經訓練而不認識象徵,也就是不能穿透表象的人而言,宇宙之書對他們仍然保持靜默。薩皮爾(E. Sapir)觀察道:「語言不是本能,而是學來的『文化』功能。」[11] 這道理放在象徵上也通用。

我們要帶孩童進入象徵的語言。孩童面對的是某些比象徵物本身更重要的東西,例如:他愛的人、一顆芥子;為了讓孩童深度地去「讀」它,我們有必要協助孩童認識象徵的另一端,缺了它,象徵便不可能存在。孩童缺了這一環的協助,象徵所指的東西對他們而言仍然是無聲又不透明的,因為象徵是由「能指」(*significante*)和「所指」(*significato*)組成,兩者不可分地連結在一起 [12]。缺少了這方面的教育,象徵就無法形成,也更不用說要去閱讀它了。缺少立面透視的眼光,宇宙就還是平面的。

為了讓象徵活起來、可以自己發聲、具有深度,在我們的視野中找到一個定點來指引自己是有必要的。法國哲學家保羅·利科(Paul Ricœur)說 [13],兩端的存在孕育出「張力」,這張力引發了「意義的建立」(creation of sense),因而賦予象徵「動能」,這是兩個元素單獨存在時不可能有的效果。如果孩童沒先聽到「神之愛」的宣講,孩童怎麼會把「從愛他的人身上所經驗到的愛」與「神的愛」連接在一起呢?所以,宣講是主要的起始點。

我們說過,在宣講課程中落實象徵的方法,就是善用暗示、影射的方法;我們給孩童一個週邊的工具,讓孩童透過全

神貫注投入自己的工作而抵達重要的核心。孩童會持續地回到我們提供給他的事實中，讓他在與自己的內在導師交談時，常有新的默想內涵，他也因而能夠觸及比喻的深度理解。以下這張圖可以說明這個過程的第一時刻：

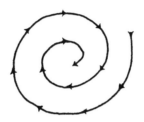

達到了這一點，工作也尚未完成，象徵還沒完成使命。現在，象徵再次成為這個過程中不可或缺的工具，帶領孩童往更深處走，進入預定之境。慢慢地，當我們專注於一點，並且緩步深入核心，我們會領悟到無限的神奇，事實的全面視野將會變得越來越大。這個過程可與石頭沉入水中的效果相比，當石頭沉入水中，水面上形成的漣漪會不斷向外拓展，一圈又一圈。這個過程的第二時刻可以圖解如下：

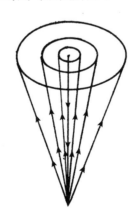

舉例來說，以這樣的方式，處於某一定點的人便能覺知到，天國的生動本質就如同芥子，他會逐漸目睹那生動的活力充滿整個宇宙，為全人類和其歷史注入能量。

標記／象徵的宗教特質

從我們試圖說明的東西可以知道，象徵的方法擁有明顯的宗教特質。它是一個知其限度的方法，對不可思議的奧秘充滿了虔敬；它不要求解釋、限制或界定，而是藉由暗示緩緩地說話。象徵的方法知道人類的語言只能做到「盡量貼近」而已，它同時對人和其能力充滿尊敬，與人們必須同時、以同樣方式接受的「定義」方式截然不同。象徵為個人工作創造了空間，每個人以自己的方式深入其境，顯然，在象徵本身的範圍內，每個人都有自己的節奏。

象徵的方法對引導者有很大的助益，如果正確地使用，就不可能過分控制孩童。若是為了要掌控操作，就勢必要有統一標準，但當我們使用象徵，試著協助孩童進入奧秘，此時統一標準是不可能存在的。相較於那些持有明顯安穩控制工具的人，引導者使用象徵時，會發現自己處於一個相當貧乏的情況裡；然而這貧乏卻是信仰的富足。

所以，象徵的方法教育孩童和引導者保持謙遜（這被認為是基督徒最主要的美德），因為這個方法不會叫任何人自認為知道一切，或已經進入核心；基於其暗示的性質，象徵的意涵將取之不盡、用之不竭。其目標永遠超過我們自己，我們眼前的視野會不斷地展開，與基督不可思議的豐盛和訊息面對面，人會經驗到自己既小且大——置身於偉大的奧秘是渺小的，而偉

大是因為獲得了進入其境的偉大恩典。

　　一群三到五歲的孩童在示範「象徵聖洗聖事的燭光」後祈禱，引導者試著祈禱說：「對於給了我們如此閃爍光芒的天主，我們能說什麼？」一個女孩回應說：「我們很微小。」一個男孩回答：「我們很棒。」另一個孩子立刻糾正說：「是祂很棒。」之前那位女孩說：「我們都很棒。」謙遜和驚奇是相互關連的態度。實際上，這些意涵永不會被耗盡的象徵，是無可替代的工具，能夠保有我們所說的合乎孩童情感的活力，並且蘊含著人性宗教情操的關鍵性。

　　關於「象徵」的宗教價值，我也要提到，使用這個方法對我們似乎見證了一件事：它瓦解了某些人認為「對神毫無概念的人，我們不可能向他談論基督」的斷言。除非考慮使用標記／象徵，否則我們無法觸及超越的實相，而天父最大的標記便是基督，厄瑪奴爾（以馬內利，意思是「主與我們同在」）！

　　在某些方面，標記／象徵延續了降生奧蹟，每個標記都源自於最起初的標記——基督，其意義也都來自於祂。而標記／象徵的本質，可以使我們免於受限於感官世界，啟發我們朝著超越的實相開放。所以，標記／象徵成了信仰培育的工具，這裡所謂的信仰，是指一種認識那個超越感官世界的方式。

　　透過標記／象徵，我們習慣不止於肉眼所見、雙手所觸之物；我們變得習慣去探究不同實相的視野。進入標記／象徵的語言，帶給我們內在的靈敏性。所以依照我們的觀點，教理課程沒有所謂「模糊有神論」的入門階段，一個不在象徵上具象化的階段，然後才是純基督宗教的第二階段。與原初的標記——基督——相遇，為人類展開了對於超越的無限空間。

第十一章

人類學的教理課程

一切都是你們的；你們卻是基督的，而
基督是天主的。
　　——格林多（哥林多）前書 3 章 22-23 節

　　自從梵蒂岡第二次大公會議之後，善牧教理課程的模式可以界定為「人類學」的教理課程，因為它特別關注「人」，教理課的出發點是人們日常的經驗，後續才是神。因此，沒有奠基於經驗的教理課被認為是抽象的，沒有「降生人間」（disincarnate）。在過去幾年，這樣的主張廣泛傳開，代表了當代對過去理性主義抽象教理培育型式的反應[1]。

　　我們目前所處的宗教危機確實是「降生」層面，大部分被拒絕的不是神，而是「基督」。人們普遍接受一個淡然存在的神（神聖存有），但是不接受神降生成人（道成肉身），即便一切的結果都發生自「降生」這個事實，它也持續以具體的方式存在於禮儀中。

　　因為「降生」概念遭受到的打擊，促使基督徒意識到自己基督信仰中「降生」（人性化）的層面是多麼地淡薄，距離實際生活是多麼地遙遠。這個缺失自然也落在教理課上：教理課供應了謹慎勾畫出的真理探查，卻沒有點燃生命。它只是由導師（具貶抑意味）教授的一門學科，而不是深入社群團體生活的導引——沒有扎根在生活中。

　　在麥德林所召開的拉丁美洲主教會議（Medellin Conference）創下了教理歷史的一個里程碑，該會議確定：由於信理、聖經、禮儀資料的重新發現，前進的歷程已走完了一半，而另一半仍有待完成的是藉著重新參照人性所帶來的更新[2]。所以今天我們強調「忠誠地對神、對人」，這樣做也是正確的[3]。依據目前的詮釋，所謂「降生人間」指的是尋找日常生活的經驗，也就是說，我們或多或少能在日常生活的經驗中，找到與教理課之間的生動連結。

　　然而對我們而言，這似乎也不是麥德林主教會議宣言中唯一的詮釋。首先，我們應該問自己：教理課、在聖言中與神會晤、默想和祈禱，它們本身的分量難道不足以建構經驗嗎？為了使教理課更能給予生命，得仰賴不具宗教性質的經驗嗎？那些專注於聆聽而著迷、生活在教理課程中的孩童們，他們用語言和自己享有的平安、寧靜來表達他們的經驗，這些孩童們到底有沒有生活的經驗？宗教經驗必須次於非宗教經驗嗎？為什麼一個被遺棄的孩童，從來沒有經驗過父母的愛，卻能在遇見善牧後，在畫紙中央畫上自己「快樂的心」呢？

　　我們甚至對人類學的教理課有更大的質疑，教理課與經驗的連結，多少要仰賴日常生活經驗。但我們自問：事實上，難道不是孩童的天性才是「關注人」的根本和依據嗎？

　　我們相信，這份不可或缺的關注一直都在，我們將之稱為每一發展階段的基本特質，我們對這份「關注」的重視，遠勝於孩童個別的經驗。孩童的心理建構扎根於比生活經驗更深的基礎，即是那重要的內在渴求——如果得到滿足，孩童就能生龍活虎；但沒找到滿足時，那彷彿饑餓般的渴求將不會平息。

「敏感期」和「一致性」

　　為了講得清楚一點，我們最好提供我們獲得這個定論的簡史。在我工作到某個時間點，我們領悟到，同年齡層、但來自不同背景的孩童們，會用相同的方式回應某些主題。我們的經驗逐漸累積拓展，透過共同研究者和過去的學生們，這個事實變得更顯著。

　　我們從不同背景的孩童中求證這個現象，孩童們來自中產

階級、務農家庭、工人家庭以及吉普賽家庭，來自城市、郊區和農村，來自義大利、非洲和南北美洲。很確定的是，在孩童中有個「一致性」。我們所能觀察到的孩童們的回應，歸納為以下三點：

1. 強烈地想要持續聆聽某些特定的主題，然後用聽來的內容繼續做他們的個人工作。
2. 深度的著迷和寧靜。
3. 某些主題會轉化成孩童們自身的一部分，就好像他們本來就知道，而不是出自他們努力學習的學術性知識。它看起來更像一個重要活動的結果，孩童們似乎從中得到與自己深刻契合的東西，那是孩童建構和諧自我的必要元素。

這三點讓我們回想到瑪麗亞・蒙特梭利的用語「敏感期」；那是一個孩童自覺不可抗拒地被某個主題所吸引的時期（更精確地說，是某種特別的求知欲，例如語言）。現今的心理學家另有用語，說那是孩童生命「程式設計」中的「關鍵點」。無論如何，我們面對的是一股存在於孩童發展中的力量，必須得到滿足，我們可以說那是有時限的。生命的潛能將在連續的生命階段中一一實現，如此一來，那強烈的渴求才得以滿足。

處於「敏感期」的特性，表現於一個人的專注力，死盯著某個東西，執著於某種興趣（例如某種語言發出的聲音），彷彿一股充滿生氣的推動力，讓孩童持續不懈地傾向特定的人或物；孩童會整個人栽進去並且樂在其中，當這個需求得到滿

足，孩童會浸淫在平安中（相反地，如果這個環節堵塞了，則會引爆猛烈的反應）。這份渴求的滿足，促成了和諧人格、與世界關係的建構。缺了這一環的滿足，會導致這股活力的熄滅和偏差，而給孩童一生造成負面的影響。

此外，孩童們常用相同方式回應的主題包括：

1. 幼童們所接受的善牧（好牧人）比喻，主要表達了神給我們的個別和完整的愛。關於這一點我們已說過，隨著孩童的成長，從兒童期、青少年期直到成熟期，他會將這份愛與神在其它面向的愛整合起來。
2. 透過黑暗與光明的對照所展示的逾越奧蹟，藉著聖洗聖事把復活的光傳送給我們，也就是參與復活基督的光──生命。
3. 聖體與善牧比喻互相連結，並以基督臨在我們生命中和特別在彌撒中「禮物的聖事」來呈現。
4. 天國的比喻表達了一個神秘而充滿力量的事實，它帶著無限的美和價值，在從微小變偉大的過程中落實顯現。

第三章介紹了課程的兩個循環，並附有圖解說明。這裡我們只提第二循環的兩個基本主題的新洞見：基督奧蹟，以及祂與我們的關係──如同在「真葡萄樹」的比喻中所顯現的（若望福音 15:1-15）；我們會提到這個比喻的禮儀層面，也就是彌撒中剝開麵餅的動作，以及福音中一些道德至理名言。這些主題符合較大孩童的需求：道德關懷和社會意識的萌芽。

我們已經觀察了每一個基本主題的重點，這些主題的本質

是具有滿足性與確定性的，孩童們對它們也顯得特別有反應。這些主題談的主要是給予和接受愛（善牧認識他的羊的名字；他領導、保衛、滋養他們；羊聽從他的聲音；牠們聚集在他周圍；他給牠們他的光－生命；接受的人自己也成為光－生命）。

對我們而言，兒童期早期的孩童獨有的宗教感對這些重點都有反應。它們回應每一個人的內在基本需求，但是在孩童身上卻成了建構人格的一部分：被愛和有人可以愛的安全感。這個需求持續存在，甚至在生命中缺乏愛的經驗的孩童身上也一樣；如果沒被滿足，它就會一直在，一個沒完沒了的渴求，未填滿的洞，而且感受還會漸形尖銳。

無數的引導者注意到，那些被遺棄或是被愛經驗不足的孩童們，在面對善牧比喻時，會顯露出特別的「熱情」。所以，人為的缺失不足以讓我們認為是教理課程的失敗，那反而成了非常有價值的動機，激勵我們把善牧教理課程變成「透過基督與神生動的愛之會晤」。這並不意味把宗教事實縮小成我們生命缺失之物的替代品，而是宗教事實回應了人性最深的需求。

我們認為，透過以上提出的元素，孩童的某些基本需求被滿足，兒童期早期的幼兒基本需求獲得了宗教食物的滋養。如此一來，我們可以說，我們的善牧教理課程是人類學的，也就是說，孩童的個人經驗和孩童在不同成長階段之基本需求的普遍特質，兩者都照顧到了。

經驗與渴求

經驗和渴求之間的差別是很大的。把善牧教理課程與經驗相連結的意思，就是會觸及生活中的實際經歷，無論是好是

壞，所以它不可避免地會影響我們要在其上建構的事物，就好比我們的一塊心田，會因為生活中各種事物的「開墾」而逐漸毀壞。想要滿足渴求，方法不是解渴，而是滋養潛能。當我們試圖把善牧教理課程奠基在孩童的經驗上時，有時會發現我們面對的是一朵已凋謝了的花；如果我們試著走滿足孩童渴求的途徑，會發現我們面對的是等待添滿、張大的口。我們相信，想要幫助生命，必須著力在渴求最深刻的層次上。

我們應該問問自己，我們多少次在孩童身上注意到「熱情」的秘密——他們心甘情願擁抱基督訊息中的某些元素，也讓我們見證到他們的喜悅是來自他們與神的會晤，而不在於我們的善牧教理課程是否屬於第二種類型。沒有什麼能比深層需求得到滿足更有成就感。某些渴求存在於孩童心靈的最深處；如果基督宗教的訊息能以滿足這層需要的方式呈現給孩童們，他們就會全心全意地吸收這訊息，也能在日常生活中重新經驗。

本書中提到的諸多案例（特別是那些與善牧有關的例子），共通點是孩童們都在他們最愛之人身上重新發現與善牧相似的面貌。某些主題對大一點的孩童（六歲之後）的行為所引起的共鳴，讓我們證實了這些訊息對孩童的個人經驗保持開放，孩童以個人的方式接受訊息，所以訊息能夠深深根植於孩童的生命中。當孩童們深層的需要獲得了滿足，就會自然地反映在他們不同層次的關係中和行為上。在孩童們的生命深處，基督訊息和他們的生命有著單純自然的連結。

這個呈現的模式，必須排除引導者在傳授時自行做出似乎能產生更多應用的直接連結，因為任何的參考連結都會帶來限制。此外，依我們的觀點，對孩童要更加尊重，避免直接觸碰

那屬於個人感性的核心，不該碰它，否則，孩童會要求保留個人空間。

孩童所尋找的神的面向

為了使善牧教理課程成為孩童心目中生動有趣的事，引導者必須知道最吻合孩童宗教心靈的「渴求」和「神的面向」。

一般認為神奇魔法在孩童的宗教心靈中扮演了重要角色，這樣的觀點是基於科學研究，然而，依據米拉內西（G. Milanesi）的重要觀察：「可以證實宗教教導中神奇的一面是有傳授給孩童，但是在表現上卻不能確定，主體（孩童）的心理結構是否或是有多少是傾向能接受神奇性的刺激。」[4]米拉內西又說：「這不只是對現實的否定，神奇的活動更是表達了對另一個不同世界的需要。」[5]

如果我們接受這種關於神奇魔法的解釋，那我們就要自問：為什麼孩童需要建構另一個不同的宗教世界？難道神無法滿足孩童的渴求嗎？或是從神的諸多面向中，成人還無法為孩童提供符合其年齡所渴求的神的面向？「神是愛。」聖若望（約翰）這麼說，但是愛有千種面貌。在孩童不同的發展階段，他需要什麼樣的神的面貌？

在聖經中，神常以「新郎」這個形象出現，這符合了十五歲以上青少年的需要，可是對幼童來說，這個形象卻毫無意義。在善牧教理課程的經驗中，很重要的是，我們試著描述以善牧對每個人的愛為中心──我們在孩童們身上沒觀察到任何神奇魔法的痕跡。無論如何，接受米拉內西的觀點，我們相信，引導者為孩童尋找神的面貌，是非常迫切的事。

　　維亞納羅（R. Vianello）觀察到，孩童的心理結構抗拒融入某些特定的宗教概念，例如：神是最強大的，神無所不在，神是靈體[6]。如果神僅有這些面向，那我們就必須放棄給孩童介紹神。然而我們相信，神不是如此貧乏，貧乏的是我們為孩童介紹神的方式。

　　顯然地，比起以孩童的經驗為基礎，以孩童的渴求為基礎的善牧教理課程，採用的方法是比較間接的。即使如此，我們質疑在靈性的領域是否有可能提供直接的協助。如同我們說過，用宗教食物來滋養孩童的某些「饑渴」；然後，是孩童自己需要用這些食物來滋養、維持自己每天的生活。換句話說，我們提供工具，孩童必須自己去使用工具。我們採用的方法，是回應孩童無聲的請求：「幫助我，讓我自己做。」

結語
· · · · · · · · ·

　　終於到了本書簡短闡述的尾聲。匯聚了示範給孩童們的諸
多元素和他們自行融合成的綜合體，我們再次強調一個歷經觀
察而越來越清晰的現象：在孩童們的討論和個人工作中清楚顯
示，對他們而言，善牧的形象常是一種催化劑。我們在很多地
方都提到，這樣的綜合體是在孩童們的心靈中誕生的，甚至在
引導者自己都還未注意到之前，就已存在於孩童們的內心。

　　這個事實促使我們自問：「到底是什麼深刻的關係，把前
幾章裡列舉的主題全部連結在一起？」我們似乎可以把這個連
結綜合為一條從「少」到「多」（從「小」到「大」）的道路：
善牧付出自己的生命，讓人們「獲得生命、且獲得更豐富的生
命」（若望／約翰福音 10:10）；以黑暗和光明圖像來呈現的「逾
越奧蹟」也是一條從負面到正面的道路；這是戰勝黑暗的光明
的延展散播。在我們提過的天國的比喻中，小小的種子成長為
一棵大樹，逐漸結滿麥穗，再由麵團變成發酵的麵包，這使得
從「少」到「多」的蛻變之道變得有形可見。

　　對我們而言，這似乎是生命的基本法則，卻如此令人難
以置信：生命因一連串的「死亡」而發展，並使我們活得更豐
富，因為在每一個「死亡」中都蘊含著復活的種子。實相的秘
密似乎在於，復活的種子就隱藏在萬物自身之內，而且種子越
隱藏、越縮小，其蘊含的力量就越大、越強壯。

　　我們所謂的死亡，是生命力的消滅直到無形可見；然而很

弔詭的是，生命就是在這最脆弱的形式中更豐盛地綻放。我們可以在自然界中目睹這樣的奇觀：「一粒麥子如果不落在地裡死了，仍只是一粒；如果死了，才結出許多粒子來。」（若望福音12:24）耶穌這麼說，是藉此暗示了他自己。我們也在人們身上看見這個自然法則的運作，不論是生理上還是心理上。

聖經也一直提示我們這個事實：舊約的根本教義之一，就是以色列的「遺民」（指的是一小群忠於神的話語和旨意的人民）藉著他們對神的忠實，這個民族的歷史得以存續，並且逐漸上升，朝向更偉大的領會與體現。

新約用比喻的形式也提示了我們同樣的事實，保祿（保羅）清晰地闡明：「我的德能在軟弱中才全顯出來。」、「我幾時軟弱，正是我有能力的時候。」（格林多／哥林多後書12:9-10）最終，基督有覺知而自由地確認並活出了這個普遍性的法則，這也是他愛天父和愛人類的行為表現；而這樣的結果就是他連結了萬物眾生，將嶄新的豐富生命傳遞給所有的一切。

如果我們領悟基督信仰宣告的核心——這是孩童最擅長的——我們就能在其中從滿全而有意識的愛的層面和從歷史的層面，看到此普遍過程的具象化，也能在其中看到在受造界中最單純，因此也是最珍貴的部份的體現。

在這裡，我們暫且回到本書一開始所提出的問題：給孩童們宗教培育合適嗎？現在，我們似乎能夠給予較完整的回答。從心理的層面，我們見證了孩童在宗教經驗中（尤其是基督宗教訊息中）找到了建構和諧人格所需的生動渴求，並由此獲得深刻的滿足。至於內容，死亡與復活的宣告——基督信仰宣講的綜合體——乃是生命根本法則的啟示，是瞭解「我們活於

此法則中」這個生命事實的入門。

　　所以，為了接引孩童進入基督信仰奧秘，不需要塑造什麼上層結構，只需要引導孩童進入生命的奧秘。阻擋孩童的宗教經驗、排除孩童接受基督信仰訊息的機會，就是背叛孩童最深刻的渴求，也等於關閉了孩童認識他們自己置身其中的現實的通道。

　　瑪麗亞‧蒙特梭利對孩童們精緻入微的觀察是無可否認的，且意義深遠。根據一九一五年在巴塞隆納的瑪麗亞‧蒙特梭利教學首次實驗的觀察，與會者們（無論是否屬於蒙特梭利學派）都觀察到，當孩童們接觸到宗教事實時，不僅表現出「欣喜之情」，還生出一股「新的尊嚴」[1]。被認為是「沒有任何存在之物比孩童更加形而上」的孩童，在無限之門向他們開啟時，展現了深刻的喜悅與特別的尊嚴感。

　　今天，我們要關注、尊重孩童的需求；如果在孩童就要進入最深渴求、向超驗事物開放之時，我們卻止步於門檻之前，那會是多麼嚴重的錯誤！

　　然而，喚醒孩童的需求，卻缺少滿足需求的配套措施是很冒險的。用推力讓孩童向前躍進，卻因為缺了相稱的對象而使孩童彈回原處，也同樣危險。那就像是飛彈向著驚人的目標發射，卻因途中失去動力而墜落地面；也像是一朵花正要怒放，卻意外地掉了花苞而凋零。「形而上之子」、「關鍵之子」只能在超驗的世界——一個他們可以自由、自在的世界中——才得以自我實現。

後記　死亡與復活

　　我們已經指出，最年幼的孩童想要也需要得到幫助，以便去探索我們信仰內最偉大的奧秘。所以我們尋找正確的途徑，幫助他們在不同的成長階段進入逾越奧蹟，也就是我們信仰的核心。

　　對三到六歲的孩童，在善牧小室的年初，我們使用模型祭台，祭台上放著一個小的十字架，指出耶穌死在十字架上，且從死者中復活，以及彌撒（或是感恩禮）是耶穌的晚餐。對幼童們來說，死亡與復活是一個整體的事實，所以在善牧小室他們很少定睛注視十字架（如果他們有看的話）。

　　這個事實說明了為什麼在善牧小室，我們寧願使用聖達彌盎十字架的圖像（聖方濟也喜歡的圖像）；這個圖像上的基督充滿活力，雖然還是被釘在十字架上（或是我們可以說：仍然在擁抱十字架）。引人注意的是，在善牧小室，孩童們所畫的十字架圖像上的耶穌都帶著微笑！

　　所以，在善牧小室的年度一開始，我們就給幼童們介紹耶穌死亡與復活的奧蹟。然後，我們呈現以色列地貌模型地圖以準備將臨期，並在上面放上旗幟，並寫上：「耶路撒冷，最重要的城市，因為耶穌在耶路撒冷死而復活。」當我們到了禮儀年中的四旬期，我們稱之為復活節的等待和準備期，我們會有最盛大的慶典──復活節，因為耶穌雖然死在十字架上，但是他復活了。

在四旬期早期，我們給孩童們示範簡短的善牧比喻（參閱第三章），這是逾越奧蹟的宗旨：「天主這樣愛了世界，甚至賜下自己的獨生子。」（若望／約翰福音 3:16）在這個比喻中，善牧不斷確認自己的身分說：「我是善牧，善牧為他的羊捨棄自己的生命。」我們把這段經文的後段（狼和傭工的部分）保留給六歲以上的孩童們；我們讓幼童們有機會去領會，犧牲自己的生命不限於肉體的死亡。善牧為他的羊捨棄自己的生命：「他的愛和照顧與他的羊持續在一起，與羊同樂！」

在四旬期，我們提供孩童們耶路撒冷的地貌模型地圖，標出那些與苦難、死亡、復活最相關的地點，同時在每個地點配上當地發生的相關事件簡述。對年紀大一點的孩童們，會有比較詳盡的事件敘述，但是對三到六歲的孩童們，我們給他們一個概念，就是從最後晚餐歷經死亡到復活，這當中所發生的事不但是一個事件，更是最偉大的事實——耶穌為他的羊犧牲生命。

有一位引導者一邊說著故事，一邊在耶路撒冷地圖上指出不同的地點，方濟各（四歲，有顯著的參與困難和缺乏注意力）全神貫注地坐著聆聽。但是在引導者還來不及宣布耶穌復活時，方濟各就迫不及待地喊：「他復活了！」引導者領悟到這個工作對方濟各的重要性，就讓他第一個操作教具（這是一個小組示範）。方濟各花了四十五分鐘，全神貫注在這個工作上。

對三到六歲的孩童們，我們也用「晚餐廳」的教具做「最後晚餐」的示範，以宣告耶穌的死亡和復活作為總結。在整個四旬期，我們用種子的比喻（種子落在地裡死了，然後結了許多果子）來闡明生命和死亡的奧秘。接著教會開始復活節的一

系列活動，我們就在善牧小室舉行「燭光禮」慶典。如同蘇菲亞說的，復活的奧蹟實在太偉大了，不能只包裹在 3D 立體教具的示範內，反倒是需要透過禮儀標記的慶祝，來傳遞復活那深不可測的豐富內涵。

　　伴隨其中一部福音對復活的敘述，我們也提供空的墳墓以及第一位發現耶穌復活的婦女的教具，強調復活的歷史性及真實性。我再次說明，死亡與復活的奧蹟，這個對六歲以下孩童們的「關鍵核心」，到了要示範給較大孩童時，則必須增加內容，包括細節和逾越的敘事，以及在福音中復活的耶穌顯現的敘事。然而，他們已經貫穿了我們信仰中最偉大的奧蹟。

瑞貝嘉・羅契費茲
寫於 2019 年 2 月 15 日

孩童圖畫解說

◆圖畫的含意

圖1 在孩童的畫作中經常會看到兩棟房子。五歲的女孩解釋說：「我的房子和耶穌的房子。」大家都知道在兒童的插畫中，房子代表著母親，也有保護的意思。

圖2 喬安娜（四歲的女孩）從來沒有去過教堂，但是她也畫了自己的房子（有一個光圈）和天主的房子（有兩個光圈）。（阿黛爾·科斯塔·諾奇的兒童之家，羅馬）

圖3 五歲孩童畫的，「耶穌的家」是用光的顏色畫的。（Viale Spartaco，羅馬）

圖4 艾蕾西亞（四歲）畫的復活蠟比她的房子還要高。（阿黛爾·科斯塔·諾奇的兒童之家，羅馬）

圖5 五歲的男孩解釋說，他把兩個小孩畫在羊群中，因為「他在工作的時候」瞭解到，我們就是小羊。（Suore del Salvatore, Monteverde，羅馬）

圖6 善牧按每一隻羊的名字呼喚牠們，右邊的這個圖像代表聖母。這是一個六歲孩童第一次畫的畫。

圖7 五歲的喬娜畫了羊棧和一間房子，象徵母親，也象徵保護和安全。（Via degli Orsini，羅馬）

圖8、圖23 兩幅年紀較大的孩童的作品及其發展的方式。希蒙（十歲）結合聖祭禮儀中呼求聖神降臨和奉獻的兩個重要時刻（Via degli Orsini，羅馬）。芭芭拉（十一歲）也結合了呼求聖神降臨（鴿子

和光）和奉獻的時刻，她試著具體說明我們的回應，包括：羊代表人、十誡、福音金句，右邊的圖指示我們的道德義務。右邊的文字表示人工作的重要性。（Via degli Orsini，羅馬）

圖 9　　五歲孩童的圖畫。在圖的上方是沒有光的羊，也有些發亮的羊（注意黃橘色的心），在旁邊還有一個人，手持著點亮的蠟燭，與這些羊群在一起。在中間有一顆心，裡面寫著「快樂的心」。在遠處的下方，有一個祭台，祭台邊寫的字是「小女孩們的心中有光」。在它的下方寫著：「媽咪，我好愛妳。」下方的教堂叫做「光之屋」；羊兒點著蠟走向教堂。

引導者看著這女孩先畫一個房子，然後再看到她把房子改變成一座教堂。當她完成了這個工作，引導者問她為什麼要這樣畫，是什麼原因讓她這樣改變。她回答說：「因為羊的家就是教堂。」（Suore dell'Amore Misericordioso, Borgata Casilina，羅馬）

圖 10　五歲孩童的圖畫。注意這個半圓形是一個保護的記號和安全感，而花朵代替了牧羊人的手。

圖 11　注意黃色表達的是喜樂。有一些羊沒有名字。畫這張圖的五歲孩童解釋說：「不是他們沒有名字，是因為我太累了。」（Borgata Casilina，羅馬）

圖 12　五歲半孩童的圖畫。注意他把牧羊人和狼的比例畫得很不一致。（Borgata Casilina，羅馬）

圖 13　六歲女孩的圖畫。在三個嚴酷的十字架之間畫了兩個彩色的人物和花朵，女孩寫道：「耶穌，你給我們生命。善牧……耶穌，你復活了！耶穌，我愛你！耶穌……」（Borgata Casilina，羅馬）

圖 14　六歲孩童的圖畫。圖畫的中間有善牧和羊的圖像，右下方是一個十字架，左邊是復活蠟、一顆心，還有一支小蠟燭。「這一顆心有光，這一支蠟燭已被點燃。」（Borgata Casilina，羅馬）

圖 15　這個六歲男孩向引導者解釋說：「這隻羊真的很快樂。」引導者問他：「為什麼？」這個男孩回答說：「因為牠和天主在一起。」在羊的旁邊是一個洗禮的記號——光。（Nostra Signora di Lourdes，羅馬）

圖 16　安娜‧勞拉（六歲）在圖的中間畫了一個祭台，下面有一支點燃的蠟燭。右邊的羊棧和左邊教堂是相對應的。

圖 17　四歲的孩童結合了一個有趣有的畫作：善牧、呼求聖神降臨，還有在彌撒中的領聖體禮。（Nostra Signora di Lourdes，羅馬）

圖 18　六歲孩童的圖畫。畫了善牧和羊棧，還將聖體聖事的餐桌畫在圖畫的最上方。（Borgata San Basilio，羅馬）

圖 19　六歲的莫瑞吉的圖畫，他讓羊和人一起圍繞著祭桌。

圖 20　善牧、祭台、羊，還有人，全都放在一個圓圈裡，這讓我們聯想到羊棧。（Suore Sacramentine, Borgata San Basilio，羅馬）

圖 21　五歲孩童的圖畫。圓形的祭台強調在彌撒中基督與信徒間的合一，也讓我們想到羊棧。（Monteverde，羅馬）

圖 22　對五歲的史迪娜來說，善牧的比喻和彌撒這兩者的結合，已經完整到要把祭台用草地的樣子畫出來了。

圖 23　參照圖 8 的說明。

圖 24　對五歲的諾貝達來說，祭台是基督的身體，也是那些分享聖體的人。（Monteverde，羅馬）

圖 25　一個四歲半的男孩在描出善牧的輪廓之後，把復活蠟貼在旁邊。

圖 26　五歲半孩童的圖畫。一個十字架畫在帶著光芒的善牧旁邊，也就是說，他是以逾越的觀點來看的。那隻羔羊是「光之羔羊」。（Via Casilina，羅馬）

圖 27　六歲孩童的圖畫。善牧的光也是羊的光。注意在下方的十字架和復活蠟。（Via Casilina，羅馬）

圖 28　復活蠟被畫在在拱門中間主要的位置。有一隻羊只有頭被畫出來，這個六歲孩童說：「牠正要去領受耶穌的光。」注意右下方，孩童領洗的蠟燭和復活蠟的比例不同。在復活蠟旁邊的是「耶穌的福音」。兩個領洗聖油容器（右下）閃爍著光芒，其他兩個人物和所有在羊棧裡的羊（左下）也都帶著光。

圖 29　善牧的光（復活蠟在中心）是「紅色的，是因為他給了祂的生命；黃色的，是因為他充滿了光」。有一隻羊畫得就像是在和這光說話。

圖 30　洗禮白袍的象徵和圍繞著羊兒的光，暗指善牧比喻和洗禮聖事的連結。

圖 31　這張圖結合了死亡、復活，以及我們參與復活基督的光明生命。

圖 32　四歲的瑪麗亞·皮雅把聖神放在圖畫紙的中間，塗上黃色，光的顏色。復活蠟、孩童們拿著的蠟燭，還有人物穿的衣服也都用一樣的顏色。（兒童之家，Via Livenza，羅馬）

圖 33　六歲孩童的圖畫。在這裡，善牧和羊是以十字架作為連結。（Nostra Signora di Lourdes，羅馬）

圖 34　六歲孩童的圖畫，這張圖結合了聖洗聖事、善牧的比喻、聖體聖事。（Nostra Signora di Lourdes，羅馬）

圖 35　畫聖洗禮的圖。左邊的人是「在領受光的新生兒」，右邊是耶穌。在中間的房子表達了宣講所帶給這孩童的安全感及保護。

圖 36　十一歲孩童的圖畫。注意畫在屋頂上的聖神，象徵這個不可思議的誕生。（Misione Cattolica, Pala，非洲查德）

圖 37　耶穌的誕生連結到復活節，以復活蠟表示；左下方的聖洗標記（十字架、聖洗白袍）暗指我們參與這項奧蹟。

圖 38　聖誕節和復活節的結合：有一顆星在一個封閉的區域上方，讓人聯想到洞穴，但是耶穌在裡面被畫在十字架上，被天使圍繞。

圖 39　另一張聖誕節和復活節的結合，是五歲孩童的圖畫。在左手邊，耶穌被畫成一個小孩，在中間被釘在十字架上，但他是活著的。主要的顏色是代表光的黃色，表達喜樂。（Monteverde，羅馬）

圖 40　五歲孩童的圖畫。復活的耶穌站在圖畫中間的嬰兒床上方。（Monteverde，羅馬）

圖 41　六歲孩童的圖畫。在馬棚的下方有一張嬰兒床，在上方有羊群和善牧。（Borgata Casilina，羅馬）

圖 42　五歲孩童的圖畫。黃色的背景是馬棚，中間靠下有耶穌嬰孩，但是場景是以善牧為主。（Nostra Signora di Lourdes，羅馬）

圖 43　五歲孩童的圖畫。在圖畫紙的右邊，耶穌被畫在十字架上；而復活之光卻在場景較高的位置。（Nostra Signora di Lourdes，羅馬）

圖 44　五歲孩童在復活期中完成的圖畫，結合了不同的元素：耶穌嬰孩在中間，兩旁各有一隻點燃的蠟燭，讓人想到祭台；也有兩隻羊和兩個人。（Via Livenza 兒童之家，羅馬）

圖 45　五歲半的亞比在聖誕期間完成的畫。嬰孩耶穌（左上）光輝燦爛，讓人想到復活的耶穌。善牧和他臨在於聖體聖事的象徵畫在此人物旁邊。（Monclova，墨西哥）

圖 46　六歲孩童的圖畫。耶穌誕生和聖體聖事的連結：耶穌嬰孩「夢」祭台。（Borgata San Basilio，羅馬）

圖 47　四歲的朱利歐，已經把聖誕節連結到最後晚餐了。（阿黛爾‧科斯塔‧諾奇的兒童之家，羅馬）

圖 48　六歲孩童的圖畫。藏在地裡的寶貝的比喻：「農夫的心中有寶貝」。（Borgata Casilina，羅馬）

圖 49　六歲孩童的圖畫。珍珠、一粒麥子的比喻與聖洗的結合。（兒童之家，Via Laurentina，羅馬）

圖 50　六歲孩童的圖畫，另一個珍珠的比喻與聖洗的結合。（Via Laurentina，羅馬）

◆圖畫上的文字翻譯

圖 8　「詮釋：這幅圖畫代表聖祭禮儀。
　　　　向下覆手，象徵禮物，
　　　　向上舉手，象徵禮物，
　　　　葡萄酒聖爵和聖體是耶穌，
　　　　我們的善行是果實。」

圖 9　「羊，耶穌之光」（圖畫上方）

「快樂的心」
「女孩們的心中有光」（祭台上方的字）
「媽咪，我好愛妳」
「光之屋」（左下方）

圖 12　「耶穌我好愛你，
　　　　耶穌我要親近你，
　　　　給我們很多光，
　　　　我們是這些羊。」

圖 13　「耶穌，你給我們生命」（上方）
　　　　「善牧」
　　　　「兩個盜賊」（十字架）
　　　　「耶穌你復活了。
　　　　耶穌我愛你，
　　　　親愛耶穌。」（十字架下方的字）

圖 14　「善牧給他的羊生命，
　　　　他深愛他的羊，
　　　　且把他的生命給他們，
　　　　他讓他們變得更好。」（上方的字）
　　　　「這一顆心有光
　　　　這一支蠟燭已被點燃」（左下）
　　　　「善牧是耶穌」（右下）

圖 16　「耶穌帶著女孩散步」（祭台左邊）
　　　　「聖母和耶穌」（祭台右邊）

圖 23　「我們的身體是聖神的宮殿」（手之間的字）
　　　　「十誡
　　　　我是主你的天主。

在我之前你不可以有別的神。

你不可濫用主你的神的名字。

善守安息日，聖日。

尊敬你的父母，可延年益壽。

不殺人。

不作假見證反對你的鄰人。

不姦淫。

不偷盜。

不佔有他人妻子，勿貪愛鄰人的房舍、農田、僕人、驢子。

不貪愛鄰居的任何其他東西。」（手的左邊）

「我的工作書，那是我的工作」（左上）

「當你施捨的時候，不吹喇叭」

「愛你的敵人」

「天主給我們的葡萄，我們工作把它變成酒」（右上）

「例如『我寒冷，我飢餓』」

「我給你麵包，拿去吃」（右邊的框框裡）

圖 26　「耶穌和迷失的羊，耶穌親近他的光之羔羊，羔羊常常靠近光，永不遠離善牧。」

圖 27　「耶穌，對不起，羊群與你分離，他們不再愛你，我要常常靠近你，永不遠離你，我要光常常在我心中。」

圖 28　「羊群充滿光和善良」（左上）

　　　「羔羊誕生了，牠正要去領受耶穌的光」（右上）

圖 29　「善牧是紅色的，因他給了祂的生命，黃色的，是因為他充滿了光」（上）

　　　「十字架是紅色的因為耶穌為我們死了」（中）

　　　「聖油，因為它給力量」（下）

圖 30　「基督之光和羊群」

圖 31　「男孩手持蠟燭
　　　　他有著復活耶穌的生命」（左上）
　　　　「女孩手持蠟燭」（左中）
　　　　「復活蠟就像復活的耶穌」（左下）
　　　　「這是耶穌在十字架上」（右下）
　　　　「聖洗時我領受耶穌的光和白袍」（左上）
　　　　「因為我是耶穌的羊」（正中）
　　　　「我可以參加彌撒」（右上）

圖 46　「今天沒有陽光，因為有天主的光」

圖 48　「農夫變賣所有的一切，要買寶貝」（上），
　　　　「農夫的心中有寶貝」（下）

圖 49　「耶穌的比喻」（上）
　　　　「寶石」（左下）
　　　　「白袍」（中央）
　　　　「救贖的十字架」（右下）
　　　　「那一粒麥子長大了」（右中）

圖 50　「聖洗的禮物」（上）
　　　　「白袍」（中央）
　　　　「點燃的蠟燭」（左下）
　　　　「寶石」（右下）

注釋與出處

前言

1. 參見此書中對宗教生活方面的敘述："Adele Costa Gnocchi" Children's House in Rome in the laureate thesis by P. Arbeola Algarra, "*Una experiencia educativo-religiosa en niños de cero a cinco años*," Rome: Universita Salesiana, 1971.

2. 我們所描述的經驗是依據蒙特梭利的原則來進行的。至於對這些原則的應用所呈現的發展，乃是作者及其合作者的責任。

第一章

1　Maria Montessori, *Spontaneous Activity in Education*, trans. Florence Simmonds (New York: Schocken Books, 1970), 351-353. Italian edition, *Autoeducazione* (Milano: Garzanti, 1962), 308-309.

2.　S. Gallo, *Genesi del sentimento religioso nell 'infanzia* (Rome: Paoline, 1955), 109ff.

3.　Julien Green, *To Leave before Dawn,* trans. Anne Green (New York: Harcourt, Brace & World, 1967), 8. French edition, *Partir Avant Le Jour* (Paris: Bernard Grasset, 1963), 26.

4.　María de los Angeles Christlieb Robles, *Dios y el niño se entiende*, (Mexico: 2002), 119.

5.　Sr. Jeanne d'Arc, *Cuore in ascolto* (Rome: Sales, 1968), 80ff.

6.　O. Kroh, *Die Psychologie der Grundschulkindes* (Tubingen, 1928), 51.

7.　J. M. Arago-Mitjans, *Psicologia religiosa e morale del bambino e del fanciullo* (Torino-Leumann: LDC, 1970), 207-208.

8.　Anne Marie van der Meer, *Uomini e Dio* (Alba: Paoline, 1964), 16-18.

9. Padre Dimitri Dudko, "Parroco a Mosca. Conversazioni serali," *Quaderni della Rivista del Centro studi Russia cristiana* (Milan: 1976), 144-145.

10. Maria Montessori and others, *The Child in the Church*, ed. E. M. Standing (St. Paul, MN: Catechetical Guild Educational Society, 1965), 24ff. Italian edition, *I bambini viventi nella* Chiesa (Naples: Morano, 1922), 14ff.

11. Arago-Mitjans, *Psicologia religiosa e morale*, 65, 134-135.

12. 其他案例請參見：Gianna Gobbi and Sofia Cavalletti, *Teaching Doctrine and Liturgy* (New York: Society of St. Paul, 1966), 54ff. Italian edition, *Educazione religiosa, liturgia e metodo Montessori* (Rome: EP, 1961), 39ff.

13. A. Nichols, "Parables for Primaries," *Religion Teacher's Journal* (May/June 1975): 13ff.

14. Arago-Mitjans, Psicologia religiosa e morale, 133-135.

15. A. Frossard, "There are none so truly metaphysical as children," *Le Figaro*, August 10, 1970.

16. M. Mencarelli, *Metodologia, didattica e creatività* (Brescia: La Scuola, 1974), 524. 17. Algarra , *"Una experiencia educativo-religiosa,"* 76.

18. MA Ribble, *I diritti del vostro bambino* (Milano: Bompiani, 1943), see in particular pp. 14-19; H. F. Harlow, R. D. Dodsworth, and G. L. Arling, "Maternal Behavior of Rhesus Monkeys Deprived of Mother and Peer Association in Infancy," *Proceedings of the American Psychological Society* (1976): 329-335.

第二章

1. Italian Episcopal Conference, *II Rinnovamento della Catechesi* (Rome: 1970), n. 135. G. Milanesi, *Psicologia della religione* (Torino-Leumann: LDC, 1974), 76.

2. G. Milanesi, *Psicologia della religione* (Torino-Leumann: LDC, 1974), 76.

3. J. P. Sartre, *Les mots* (Paris: Gallimard, 1964), 165: "Les enfants entre eux haïssent les enfantillages; ils sont des hommes pour vrai."

4. E. Alberich, *Natura e compiti di una catechesi moderna* (Torino-Leumann: LDC, 1972), 133-140; D. Grasso, *L 'annuncio della salvezza* (Rome: Paoline, 1965), 330.

5. 對於聆聽能力教育的重要性，請參見 Sofia Cavalletti, "L''educazione nella Bibbia a nel Talmud" in *Nuove questioni di storia della pedagogia*, vol. 1 (Editrice La Scuola, 1977), 13-15.

6. D. Grasso, "II Kerigma e la predicazione," *Gregorianum* (1960): 435. 另外參見 D. Silvestri, "L'educazione religiosa nell'infanzia, oggi" *Rassegna di Pedagogia* (1975): 49-56.

7. 關於古代傳統洗禮前的教理，請參見 Jean Daniélou and R. Du Charlat, *La catéchèse aux premiers siècles* (Paris: Fayard-Mame, 1968), 44. Italian edition, *La catechesi nei primi secoli* (Torino-Leumann: LDOC, 1968), 34ff.

8. O. Cullmann, *Christus und die Zeit* (Zurich: 1962), 25; J. Robinson and E. Fuchs, *La nuova ermeneutica* (Brescia: Paideia, 1967), 65: "Where there is listening to and acceptance of the call of being, there is man."

9. Maria Montessori, *Spontaneous Activity in Education*, 125-141. Italian edition, *Autoeducazione*, 111-119; A. M. Joosten, "Learning from the Child," Inaugural Addresses of the XXV and XXVI Indian Montessori Training Courses (Hyderabad, 1962).

10. 關於這個主題，請參見 A. M. Joosten, "On Christian Education," *Word and Worship 2* (1970): 1-12.

11. Thomas Aquinas, *Summa Theologica* I, Q. 117, a. 1 in The "*Summa Theologica*" of *St. Thomas Aquinas*, part 1, vol. 5 (London: Burns Oates & Washbourne, 1941), 178-179.

12. Thomas Aquinas, *De Veritate*, Q. XI, no. 12, passim; Boethius, *De Consolatione Philosophiae (The Consolation of Philosophy)* book V, 5.

13. *Augustine, De Magistro*, XIV, 45, in *The Philosophy of Teaching: A Study in the Symbolism of Language, A Translation of St. Augustine's "De Magistro,"* trans. Father Francis E. Tourscher (Pennsylvania: Villanova College, 1924), 90.

14. Maria Montessori, *The Discovery of the Child*, trans. Mary A. Johnstone (India: Kalakshetra Publications, 1966), 136-143. Italian edition, *La mente del bambino* (Milan: Garzanti, 1952), 181-182.

15. 這是梵蒂岡第二次大公會議文件中的不變主題，尤其是 *Dei Verbum* and *Lumen Gentium*; it is also emphasized in *Il Rinnovamento della Catechesi*, no. 182ff. in particular.

第三章

1. 基督在教理中的中心地位，請參考 *Il Rinnovamento della Catechesi*, 57,58; Alberich, *Natura e compiti*, 102: "The kerygma is essentially and primarily the proclamation of Christ, and above all of the paschal mystery of his death and resurrection which establishes him in his dignity as Christ and Lord."

2. 參見 B. F. Skinner and W. Correll, *Pensare ed apprendere* (Brescia: La Scuola, 1974), 17: "When learning is unfolded before the student as a region that has already been explored, the opportunity to conquer personally a frontier of the unknown is taken away from him." J. Piaget, "To Understand Is to Discover, or to Reconstruct by Re-Discovery." *Education on the Move* (Paris: UNESCO Press, 1975), 86-92.

3. *Gaudium et Spes* 16 (1965).

4. 有關善牧比喻對生病孩童的重要性，請參見 Jerome Berryman: "Discussing the Ethics of Research on Children," *Research on Children*, ed. Jan van Eys (Baltimore: University Park Press, 1978), 97ff.; "A Gift of Healing Stories for a Child who is Ill," *Liturgy 24*, no. 4 (July/August 1979): 15-20, 38-42; "Being In Parables with Children," *Religious*

Education 74, no. 3 (May/June 1979).

5. O. Dubuisson, *Le dessin au catéchisme* (Paris: Éd. du Centurion, 1968), 72, 78.

6. G. Milanesi, *Psicologia della religione*, 101-121.

7. R. Vianello, *La religiosità infantile* (Florence: Giunti Barberà, 1976), 195, 201, 263. 只要強調特定情況，Vianello 之類的作品就很有用和有趣，但是必須謹慎，以免從某些事實數據中得出概括性的結論。這種混亂不大可能是從 Vianello 的書中引起的，在他的書中，他反覆強調了一般性研究的不穩定和零散性質，就像他的文章一樣，請見 "L'idea di Dio nel bambino," *Vita dell'infanzia* (May/June 1976): 9-10.

8. J. Piaget, *The Child's Conception of the World* (New Jersey: Humanities Press, 1929). French edition, *La représentation du monde chez l'enfant* (Paris: Akan, 1926). Italian edition, La rappresentazione del mondo nel fanciullo (Turin: Boringhieri, 1974), 358.

9. A. Vergote, *The Religious Man* (Dublin: Macmillan, 1969). French edition, Psychologie Religieuse (Bruxelles: Charles Dessart, 1966). Italian edition, Psicologia religiosa (Turin: Borla, 1967), 170-174.

10. E. Erikson, *Childhood and Society* (New York: Norton, 1964). Italian edition, *Infanzia e società* (Rome: Armando, 1967).

11. I. de la Potterie, *Gesù Verità* (Turin: Marietti, 1973), 54-84: the author maintains that the Good Shepherd parable is "the synthesis of Johannine theology."

第四章

1. 梵蒂岡第二次大公會議的許多文件都強調了這一點，另參見 C. Vagaggini, *Theological Dimensions of the Liturgy*, trans. Leonard J. Doyle (Collegeville, MN: Liturgical Press, 1959). Italian edition, *Il senso teologico della Liturgia* (Rome: EP, 1965), 329,464. 177-180, et passim.

2. T. Federici, *Bibbia e Liturgia* (Rome: Pontificio Istituto Liturgico, 1973-1975) (MS).

3. A. Vergote, "Symbolic Gestures and Actions in the Liturgy," *Concilium* 62 (1971): 40-52. Italian edition, A. Vergote, "Gesti e azioni simboliche nella liturgia," *Concilium* (1971): 55-70. 我們提請您注意 P. Borobio 和 V. ma. Pedrosa 編寫，關於為孩童的感恩經中，呼求聖神降臨的重要性。請參見 P. Borobio and V. ma. Pedrosa, *Celebración de la Eucarestía con los niños* (Phase, 1972), 9-76, 特別要注意聖神降臨節與呼求聖神降臨之間的聯繫，這強調了聖神的持續工作。

4. *Ephemerides Liturgicae*, nos. 3-4 and 5-6 (1976), 兩者都致力於該主題，尤其是 J. H. McKenna, "The Eucharistic Epiclesis in the Twentieth Century Theology," 289-328, 446-482. See also John H. McKenna, CM, *Eucharist and Holy Spirit: the Eucharistic Epiclesis in Twentieth-Century Theology* (1900–1966), Alcuin Club Collections, 57 (Great Wakering: Mayhew-McCrimmon, 1975).

5. 其它短式經文，請查看 *La Messa dei fanciulli* (Libreria Editrice Vaticana, 1976). English editions: *Directory for Masses with Children* (1973), U. S. Catholic Conference; *Eucharistic Prayers for Masses with Children and for Masses of Reconciliation*, provisional text (Bishop"s Committee on the Liturgy, Washington, DC, 1975).

6. C. Vagaggini, "La Messa sacramento del sacrificio pasquale di Cristo e della Chiesa, "*Rivista Liturgica* (1969): 179-209; S. Marsili, "Verso una nuova teologia eucaristica," Via Verità e Vita, 22 (1969): 15, 13-28, and "Forma e contenuto nella preghiera eucaristica," Rivista di Pastorale Liturgica (1973): 204-220.

7. O. Battaglia, *La teologia del dono* (Assisi: Cittadella, 1971), 251. See also the article on gift by M. Mauss in *Temi generali della magia* (Turin: Einaudi, 1965).

8. F. Fornari, *La vita affettiva originaria del bambino* (Milan: Feltrinelli,

1971), 230. Fromm, *The Anatomy of Human Destructiveness* (New York: Holt, Rinehart & Winston, 1973). Italian edition, *Anatomia della distruttivita unama* (Milan: Mondadori, 1975), 452: Fromm, speaking of the mother"s love, writes: "Her love is grace."

9. St. Augustine, *De Magistro*, XIV, 45.

第五章

1. 請參見 St. Gregory of Nazianzen, Sermon 40 (PG 36, 359ff.): in Judeo Christian liturgy, see E. Testa, "Le origini delle tradizioni dei luoghi santi in Palestina," *Studi Biblici Francescani 14* (1963-1964): 119ff.

第六章

1. C. Bissoli, *La Bibbia nella Catechesi* (Torino-Leumann: LDC, 1972).

2. A. Feuillet, *Jésus et sa Mère* (Paris: Gabalda, 1973).

3. S. Lyonnet, "Il racconto dell"annunciazione e la maternità divina della Madonna," *La Scuola Cattolica* (1954): 1-38.

4. R. Marle, *Herméneutique et Catéchèse* (Paris: Fayard-Mame, 1970); by the same author, "La préoccupation herméneutique en catéchèse," *Lumen Vitae* (1970): 377-382. F. Bovon, *Problèmes de méthode en sciences bibliques, Université de Génève* (s.n.), 24ff.

5. J. Jeremias, *The Eucharistic Words of Jesus* (London: S. C. M. Press, 1966). Italian edition, *Le parole dell'Ultima Cena* (Brescia: Paideia, 1967). German edition, *Die Abendmahlsworte Jesu* (Göttingen: Vandenhoeck & Ruprecht, 1949).

6. A. Ammassari, *La risurrezione nell'insegnamento, nella profezia, nelle apparizioni di Gesù* (Rome: Città Nuova Editrice, vol. 1, 1975, Vol. 2, 1976).

第七章

1. G. Milanesi, "Il pensiero magico nella preadolescenza," *Orientamenti pedagogici* (1967): 583.

第八章

1. G. Durand, *L'imagination symbolique* (Paris: PUF, 1968), 80.

2. E. Faure et al. *Learning to Be* (Paris: UNESCO Press, 1972), 155.

3. G. von Rad, *Israël et la sagesse* (Geneva: Labor et Fides, 1970), 190, 339ff. German edition, *Weisheit in Israel* (Neukirchen-Vluyn: 1970).

4. C. Pavese, *I dialoghi con Leucò* (Milan: Mondadori, 1972), 33.

5. P. Ricoeur, *Finitude et culpabilité* (Paris: Aubier-Montaigne, 1960), vol. 1, 24.

6. *To Teach As Jesus Did*: A Pastoral Message on Catholic Education. National Conference of Catholic Bishops (Washington, DC: United States Catholic Conference, November 1972).

7. A. Berge, *Education sexuelle chez l'enfant* (Paris: PUF, 1970).

8. 孩童們有可能是參考福音的名言：「至於你，當你祈禱時，要進入你的內室，關上門，向你在暗中之父祈禱。」（瑪竇福音 6 章 6 節）

第九章

1. Arago-Mitjans, *Psicologia religiosa e morale*, 307.

2. Faure et al., *Learning to Be*, 108.

3. G. Doman, *How to Teach Your Baby to Read* (New York: Random House, 1964). Italian edition, *Leggere a tre anni* (Rome: Armando, 1970).

4. Faure et al., *Learning to Be*, 190-191.

5. Dreher, Exeler and Tilmann, *La sterilità della catechesi infantile* (Modena: Paoline, 1969), 26.

第十章

1. P. Duploye, *La religion de Pèguy* (Paris: 1965), xi.

2. Alonso-Schoekel, *Il dinamismo della tradizione* (Brescia: Paideia, 1970), 265ff.

3. PL 76, 135.

4. Matthieu (*Vérité et Vie*, [1969-1970], 9-10) 警告我們「貫用我們自己習得的呆板準則來限制聖經信息」的危險。

5. S. Marsili, "I sacri segni: storia e presenza. Terminologia segnale nella liturgia," *Liturgia - Nuova Serie 9* (Padua: 1970): 7-40. Sofia Cavalletti, "Segno, simbolo, tipo nell"ebraismo e nel cristianesimo primitivo," ibid., 41-62.

6. 「天主藉著降生而被『象徵化』，也就是『被標記化』。」參見：Mehl, "Théologie et symbole," *Revue des Sciences Religieuses* (1975):4.

7. D. Otto Via Jr., *The Parables: Their Literary and Existential Dimension* (Philadelphia: Fortress Press, 1967), 70-108.

8. J. Jeremias, *The Parables of Jesus* (New York: Charles Scribner"s Sons, 1962). Italian edition, *Le parabole* (Brescia: Paideia, 1973).

9. A. Alonso-Schoekel, in S. Lyonnet et al., La Bibbia nella Chiesa dopo la *"Dei Verbum"* (Rome: Paoline, 1969), 118ff.

10. E. Schillebeeckx, "Culto profano e celebrazione eucharistica," *Rivista di Pastorale Liturgica* (1969): 231.

11. E. Sapir, Language, *An Introduction to the Study of Speech* (New York: 1921). Italian edition *Il linguaggio* (Turin: Einaudi, 1969), 4.

12. E. Benveniste, "Nature du signe linguistique" *Linguistica I* (1939): 46; same author, *Problèmes de linguistique générale* (Paris: 1960), 26ff.

13. P. Ricoeur, "Parole et symbole," *Revue des Sciences Religieuses* (1975); 147.

第十一章

1. L. Erdozain, "L"évolution de la catéchèse," *Lumen Vitae* (1969): 575-599.

2. 請參見 Medellin Documents, *Liberation: Towards a Theology for the Church in the World, According to the Second General Conference of Latin American Bishops*, Medellin, 1968 (Rome: Catholic Book Agency, 1972). Italian edition, *Medellin-Documenti* (Bologna: Dehoniane, 1969).

3. II Rinnovamento della catechesis, no.160; see R. Giannatelli, "Linee di metodologia catechistica,"in Italia (Rome: Università Salesiana, 1970), 105-121.

4. G. Milanesi, *Psicologia della religione* (Torino-Leumann: LDC, 1974), 147ff.

5. *Ibid.*, p. 150.

6. R. Vianello, *La religiosità infantile*, 265.

結語

1. Maria Montessori, *The Child in the Church*, 24. Italian edition, *I bambini viventi nella Chiesa*, 15.

致謝

······

　　當本書義大利文版的第一版於一九七八年出版時,「善牧教理課程」在美國才剛剛起步。

　　近十三年來,「善牧教理課程」在美國以及其他英語系與西班牙語系國家的發展,好得令人驚訝,這不禁令我們想對那些在諸多困難中經歷此拓展的先鋒,以及許多參與者,再次表達深深的感恩。如今,我們看到「善牧教理課程」在美國二十八個州使用,觸及成千的孩童和數百位善牧引導者。

　　在美國諸位的一番努力下,成立了「善牧教理課程協會」(the Association of the Catechesis of the Good Shepherd)。協會的目的在於,幫助成人及孩童一起分享宗教經驗,而兒童期的宗教價值乃是宗教經驗的基礎。為了邁向這個目標,協會組織、舉辦了成人多元的培育課程,並且支持繼續培育的工作。協會也和一九五四年在羅馬教區成立的中心,以及一些在其他國家的中心保持聯繫。

　　我們羅馬的團隊在專心致力於這項事工的同時,也深深感受到與這個大家庭的緊密連結,並且不斷地向天主獻上由衷的感恩。

蘇菲亞・卡瓦蕾緹
一九九一年十二月八日寫於羅馬

國家圖書館出版品預行編目資料

與孩童一起體驗神：在聖經與禮儀中引導兒童的宗教潛能 / 蘇菲亞‧
卡瓦蕾緹（Sofia Cavalletti）著；李純娟譯. -- 初版. -- 臺北市：啟
示出版：英屬蓋曼群島商家庭傳媒股份有限公司城邦分公司發行，
2021.02
面；　公分. --(Talent系列 ; 49)
譯自：IL POTENZIALE RELIGIOSO DEL BAMBINO

ISBN 978-986-99286-3-2 (平裝)

1.基督教教育　2.兒童教育　3.蒙特梭利教學法

247.71　　　　　　　　　　　　　　　　　　109021307

Talent系列 049

與孩童一起體驗神：在聖經與禮儀中引導兒童的宗教潛能

作　　　者／蘇菲亞‧卡瓦蕾緹 Sofia Cavalletti
譯　　　者／李純娟
企畫選書人／彭之琬、李詠璇
總　編　輯／彭之琬
責 任 編 輯／李詠璇

版　　　權／黃淑敏、邱珮芸
行 銷 業 務／周佑潔、賴晏汝、華華
總　經　理／彭之琬
事業群總經理／黃淑貞
發　行　人／何飛鵬
法 律 顧 問／元禾法律事務所王子文律師
出　　　版／啟示出版
　　　　　　臺北市 104 民生東路二段 141 號 9 樓
　　　　　　電話：(02) 25007008　傳真：(02)25007759
　　　　　　E-mail:bwp.service@cite.com.tw
發　　　行／英屬蓋曼群島商家庭傳媒股份有限公司城邦分公司
　　　　　　台北市中山區民生東路二段141號2樓
　　　　　　書虫客服服務專線：02-25007718；25007719
　　　　　　服務時間：週一至週五上午09:30-12:00；下午13:30-17:00
　　　　　　24小時傳真專線：02-25001990；25001991
　　　　　　劃撥帳號：19863813；戶名：書虫股份有限公司
　　　　　　讀者服務信箱：service@readingclub.com.tw
　　　　　　城邦讀書花園：www.cite.com.tw
香港發行所／城邦（香港）出版集團
　　　　　　香港灣仔駱克道193號東超商業中心1F E-mail: hkcite@biznetvigator.com
　　　　　　電話：(852) 25086231　傳真：(852) 25789337
馬新發行所／城邦（馬新）出版集團【Cite (M) Sdn Bhd】
　　　　　　41, Jalan Radin Anum, Bandar Baru Sri Petaling, 57000 Kuala Lumpur, Malaysia.
　　　　　　電話：(603) 90578822　傳真：(603) 90576622
　　　　　　Email: cite@cite.com.my

封 面 設 計／李東記
排　　　版／極翔企業有限公司
印　　　刷／韋懋印刷事業有限公司

■ 2021 年 2 月 3 日初版　　　　　　　　　　　　　　Printed in Taiwan
■ 2023 年 12 月 28 日初版 3 刷
定價 380 元

Sofia Cavalletti
IL POTENZIALE RELIGIOSO DEL BAMBINO descizione di un'esperienza con Bambini da 3 a 6 anni @ 2000
Città Nuova Editrice (Roma)
Title of the original English edition:
Sofia Cavalletti, The Religious Potential of the Child Experiencing Scripture and Liturgy with Young Children
© 2020 The Catechesis of the Good Shepherd (Scottsdale)
Complex Chinese edition © 2021_by Apocalypse Press, a division of Cité Publishing Ltd.
All Rights Reserved.
感謝「社團法人台灣樂仁國際蒙特梭利推廣教育協會」協助取得本書授權、提供譯稿，並推廣本書。

城邦讀書花園
www.cite.com.tw